马克思主义简明读本

剩余价值理论

丛书主编：韩喜平

本书著者：张 洁

编 委 会：韩喜平 邵彦敏 吴宏政
王为全 罗克全 张中国
王 颖 石 英 里光年

吉林出版集团股份有限公司
全国百佳图书出版单位

图书在版编目（CIP）数据

剩余价值理论/张洁著.--长春:吉林出版集团股份有限公司，2014.4（2024.6重印）
（马克思主义简明读本）
ISBN 978-7-5534-2605-1

Ⅰ.①剩… Ⅱ.①张… Ⅲ.①剩余价值－马克思著作研究 Ⅳ.①A811.23

中国版本图书馆CIP数据核字（2013）第174635号

SHENGYU JIAZHI LILUN

剩余价值理论

丛书主编	韩喜平
本书著者	张　洁
责任编辑	宫志伟
装帧设计	李　亮

出　　版	吉林出版集团股份有限公司
发　　行	吉林出版集团社科图书有限公司
地　　址	吉林省长春市南关区福祉大路5788号　邮编：130118
印　　刷	北京一鑫印务有限责任公司
电　　话	0431-81629711（总编办）
抖音号	吉林出版集团社科图书有限公司　37009026326

开　　本	710 mm×1000 mm　1 / 16
印　　张	12
字　　数	100 千
版　　次	2014 年 4 月第 1 版
印　　次	2024 年 6 月第 5 次印刷

书　　号	ISBN 978-7-5534-2605-1
定　　价	36.00 元

如有印装质量问题，请与市场营销中心联系调换。0431-81629729

序　言

习近平总书记指出，"青年最富有朝气、最富有梦想""青年兴则国家兴，青年强则国家强""中国梦是我们的，更是你们青年一代的。中华民族伟大复兴终将在广大青年的接力奋斗中变为现实"。

要提高青年人的理论素养。理论是科学化、系统化、观念化的复杂知识体系，也是认识问题、分析问题、解决问题的思想方法和工作方法。青年正处于世界观、方法论形成的关键时期，特别是在知识爆炸、文化快餐消费盛行的今天，如果能够静下心来学习一点理论知识，对于提高他们分析问题、辨别是非的能力有着很大的帮助。

要提高青年人的政治理论素养。青年是祖国的未来，是社会主义的建设者和接班人。要建立青年人对中国特色社会主义的道路自信、理论自信、制度自信、文化自信，就必须要对他们进行马克思主义理论教育，特别是中国特色社会主义理论体系教育。

要提高青年人的创新能力。创新是推动民族进步和社会发展的不竭动力，培养青年人的创新能力是全社会的重要职责。但创新从来都是继承与发展的统一，它需要知识的积淀，需要理论素养的提升。马克思主义理论是人类社会最为重大的理论创新，系统地学习马克思主义理论有助于青年人创新能力的提升。

要培养青年人的远大志向。"一个民族只有拥有那些关注天空的人，这个民族才有希望。如果一个民族只是关心眼下脚下的事情，这个民族是没有未来的。"马克思主义是关注人类自由与解放的理论，是胸怀世界、关注人类的理论，青年人志存高远，奋发有为，应该学会用马克思主义理论武装自己，胸怀世界，关注人类。

正是基于以上几点考虑，我们编写了这套"马克思主义简明读本"系列丛书，以便更全面地展示马克思主义理论基础知识。希望青年朋友们通过学习，能够切实收到成效。

韩喜平

目　录

引　言

　　马克思通过分析剩余价值的生产、积累、流通以及分配，揭示了剩余价值的运动规律及其作用，创立了剩余价值理论。通过剩余价值的发现揭露了资本主义剥削的本质，为无产阶级革命提供了重要的理论依据。本书特别针对广大青少年读者的阅读习惯，在语言和表达上更通俗易懂。

　　本书的写作目的在于让读者了解马克思剩余价值理论的形成过程，学习剩余价值理论的核心内容，并认识到马克思剩余价值理论具有强大生命力，虽然这一理论已经提出一百多年，但是仍然具有重要的理论和现实意义。现代各种经济学理论的发展，追根溯源，都是源于古典政治经济学理论，当然马克思的剩余价值理论也不例外。所以，本书首先从剩余价值学说史的角度，对古典政治经济学家的剩余价值观进行了梳理。马克思在批判和继承前人研究成果的基础上，通过自己的潜心研究，摒弃了资产阶级经济学家的局限，第一次科学系统地提出了剩余价值理论。本书从理论内容上来说，着重阐述了马克思对剩余价值来源、实现和分配问题的考察，将马克思剩余价值理论的精华部分作出阐释，揭示了资本主义生产追求剩余价值的本质，说明了资本主义经济危机是资本主义生产的必然产物，并阐明了资本主义经济运动的规律和发展趋势。本书力求使读者清晰地认识资本家对工人的剥削，并明白整个资产阶级是如何共同瓜分工人创造的剩余价值的，即资产阶级是如何实现对工人阶级的剥削的。在当代社会，资本主义社会的经济和社会主义社会的经济都有了很大发展，与马克思所处的年代有了很大的差别，马克思主义"过时论"的声音在西方学术界时有出现。马克思的剩余价值理论从创立开始一直是在争议中生存的，资本主义经济危机的爆发再一次使人们聚焦马克思的《资本论》，更多的西方学者开始深入研究马克思的剩余价值理论。马克思的剩余价值理论在当代社会仍然有重要的价值，无论是对资本主义国家的生产，还是对社会主义国家的市场经济建设，都有重要的指导意义。所以，青少年学生对马克思剩余价值理论的学习是十分有必要的。

本书运用理论与实际相结合的方法，通过案例来讲述剩余价值在商品经济中的具体体现，让读者感觉到剩余价值是能看得见、摸得着的东西，从而更容易接受和理解剩余价值理论。为了帮助读者理解马克思的剩余价值理论，本书还专门设计了延伸阅读的内容，为读者提供一些背景资料和阅读材料，增加内容的趣味性和现实性。当然，限于作者的学识水平，书中可能存在一些不足之处，恳请大家批评指正。

本书在编写过程中参考并借鉴了一些学者的相关研究成果，在此向他们表示我最诚挚的谢意。

第一章　剩余价值理论的产生

剩余价值理论是马克思的两个伟大发现之一，在整个马克思主义理论体系中具有极其重要的地位和意义。剩余价值理论是马克思主义政治经济学的基石，这一理论贯穿于马克思对资本主义生产方式分析的全过程。

第一节　古典政治经济学的剩余价值观

马克思的剩余价值理论是在批判和继承古典政治经济学的基础上产生的。研究古典政治经济学的经济学家有很多，在这里我们主要以威廉·配第、亚当·斯密和大卫·李嘉图为代表人物，介绍在他们的论著中关于剩余价值的论述。

一、威廉·配第的剩余价值观

威廉·配第（1623—1687）是英国古典政治经济学的创始人，统计学家，他的主要代表作是《赋税论》和《政治算术》。威廉·配第的经济学著作都是从资本主义生产的内部出发，对当时资本主义社会生产中存在的主要经济问题进行论述，但是尚未形成系统的政治经济学理论体系。威廉·配第在《赋税论》中最先提出了粗糙的劳动价值论，对价值的来源进行了分析，提出劳动创造价值。关于剩余价值的问题威廉·配第没有进行系统的分析，但是从他分散的叙述中我们可以寻找到他关于剩余价值的观点和看法。

第一，劳动是价值的源泉。

配第在《赋税论》中对"自然价格"和"政治价格"进行了区分，而这里说的"自然价格"其实指的就是价值。因为剩余价值的决定依存于价值的决定，所以配第关于价值决定的论述就显得尤为重要。那么，什么是商品的价值呢？配第是这样解释的："假设有一个人，他从秘鲁地里取得1盎司银带到伦敦来所费的时间，恰好和他生产1蒲式耳小麦所要的时间相等，前者便成了后者的自然价格。现在假设有新的更富饶的矿坑被发现了，以致2盎司银的获得，和以前1盎司银的获得，是同样方便，则在其他情形相等的情形下，现在小麦1蒲式耳10先令的价格，和以前1蒲式耳5先令的价格，是一样便宜。"也就是说，配第认为商品的价值是由生产这个商品所花费的劳动时间来决定的，劳动是价值的源泉。生产一个产品用的劳动时间越长，付出的劳动越多，这个商品的价值就越大。而且，商品的价值和劳动生产率成反比。以生产皮鞋为例，假设原来生产一双皮鞋需要8小时，当劳动生产率提高之后，生产一双皮鞋只需要4小时，这样，生产一双皮鞋花费的劳动时间变短了，那么皮鞋的价值也就降低了。所以说，劳动生产率越高，单位商品的价值越小。

第二，劳动的价值。

什么是劳动的价值呢？配第认为劳动的价值是由必要的生活资料决定的，也就是说由能够满足劳动者维持自己的生存所需要的食物、衣服等生活资料所决定。"法律要使劳动者刚好有生活的资料；如果加倍了，他就只做了他能够做或者说本来会做的劳动的一半；这就表示，社会已经损失许多劳动。"在这里，劳动的价值就是劳动者应该获得的工资。事实上，劳动者想要获得自己劳动的价值就要付出更多的劳动。假设工人劳动6小时的价值刚好够他维持自己的生存，那他每天工作6小时就可以了。但是事实上工人每天要工作12个小时才能获得6小时的价值，那么这多劳动的6小时就是剩余劳动，创造的价值其实就是剩余价值。

第三，地租是剩余价值的真正形态。

威廉·配第最早从地租形态上考察了剩余价值的来源。威廉·配第把地租归结为剩余劳动，在他认为，地租是剩余价值的真正形态。地租是一块土地上生产的农产品价值扣除种子和工资以后的余额，实际上包括了全部剩余价值。土地的价值是一定年数土地的地租。这里的一定年数是指爷爷、父亲和儿子三代人共同生活的年数，威廉·配第将这个年数估算为21年。就是说土地的价值是21年地租的总额，也就是21年剩余价值的总额。

二、亚当·斯密的剩余价值观

亚当·斯密（1723—1790）是英国古典政治经济学的杰

出代表和理论体系的建立者，主要代表作有《国民财富的性质和原因的研究》（简称《国富论》）和《道德情操论》。亚当·斯密是公认的经济学宗师，他第一次把以前的经济知识归结为一个完整的体系，第一次系统地论述了劳动决定价值的原理。与威廉·配第只在农业生产领域考察剩余价值不同，亚当·斯密将剩余价值的研究扩大到了社会劳动的一切领域。亚当·斯密的剩余价值观包括以下几个方面：

第一，劳动决定价值。

亚当·斯密开始把价值分为使用价值和交换价值来进行研究。亚当·斯密在《国富论》中是这样说的：必须注意"价值"一词有两个不同的意思，有时它表示某一特别物品的效用；有时则表示该物品给予占有者购买其他物品的能力。前者也许可称之为"使用价值"，而后者或许可称之为"交换价值"。在这个问题上，亚当·斯密用"水和钻石的悖论"来进行说明。没有什么东西比水更有用，但是水却几乎买不到任何东西。相反的，钻石几乎没有使用价值，但拿钻石去交换，往往可以得到大量的其他物品。[①]那么交换价值是由什么决定的

①《国富论》，北京：中央编译出版社，2011年版，第28页。

呢？亚当·斯密认为商品的交换价值是由商品内加入的劳动量或劳动时间决定的。

同时，亚当·斯密已经意识到劳动和劳动之间的差别，有的劳动难度大，有的劳动难度小，认为1小时的困难劳动比1小时的容易劳动包含更多的价值量。马克思将劳动分为复杂劳动和简单劳动的观点也受到了这一思想的启发。

第二，剩余价值的起源。

亚当·斯密认识到了剩余价值的真正起源。在工业生产中，工人生产的产品在出售时的价格高于采购原材料的成本，多出来的这部分价值就是工人的劳动所创造的。而多出来的这部分价值又被分为两部分，一部分用来支付工人的工资，另一部分就是资本家的利润。而利润就是剩余价值的一种表现形式。例如，生产一双皮鞋用来购买原材料的成本是100元，而这双皮鞋在商场的售价是150元，这增加的50元就是工人劳动所创造的价值。资本家从这50元中拿出20元支付了工人的工资，剩余的30元就是资本家的利润。这里利润是工人劳动创造的价值的扣除部分，即亚当·斯密所说的剩余劳动创造的剩余价值。同样，在农业生产中的地租也是剩余价值的一种表现形式。利息是剩余价值的派生形式。

这就说明，剩余价值是工人超出自己工资所完成的剩余劳动部分，也就是说剩余价值的真正来源是由工人的剩余劳动创造的。

第三，商品价格分解为工资、利润和地租。

亚当·斯密在《国富论》的第二篇第二章中指出，"大多数商品的价格，是分成三个部分，其一支付工资，其二支付资本利润，其三支付地租"。

如果按照劳动创造价值的理论，工人的工资就应该相当于全部的劳动产品的价格。但是在产生了土地私有和资本积累以后，土地所有者和资本所有者都要求分得一部分地租和资本利润，这时的工资就不再是全部劳动产品的价格，而是只占其中的一部分了。资本家手中一旦积累起了资本，为了获得利润便会用它来购买原料和劳动投入生产。这时劳动产品的价格就分为两部分：一部分支付工人的工资，另一部分支付资本家的利润。工资和利润的比例由双方协商决定，但是工人获得的工资至少要能满足劳动者购买维持其生活和延续后代所必需的生活资料。亚当·斯密明确反对把利润说成是资本家监督指挥劳动的工资，但是他肯定利润是资本家正当的收入来源。同时，亚当·斯密也承认地租收入的合理性，他把地租看成是土地成为私有财产后，耕种者为使用土地而支付的代价。他认为地租是租地人通过雇佣农业工人种植所得的农产品总额，扣除用于购买种子和耕畜及其他农具的农业资本，扣除支付农业工人的工资，再扣除了租地人应该获得的利润后剩余的部分。

第四，关于地租变动的观点和对社会阶级利益的评价。

亚当·斯密指出，工业劳动生产力的任何发展，都会给土地所有者带来好处。所以亚当·斯密得出结论，土地所有者的利益，始终同整个社会的利益一致。工人的利益，也同整个社会的利益一致。但是，亚当·斯密也如实地指出了如下的客观区别：土地所有者阶级也许能够由于社会的繁荣而比工人得到更大的利益，但是没有一个阶级像工人阶级那样，由于社会衰落而遭受那样大的苦难。相反，这个时候资本家的利益却同整个社会的利益不一致，甚至是相反的。也就是说，社会的进步会使社会上的各个阶级都受益，但是在社会衰落的情况下，只有工人阶级的利益受到最大的损害，而资产阶级的利益受到的损害很小，有的甚至还可以在这种社会衰落中获利。

三、大卫·李嘉图的剩余价值观

大卫·李嘉图（1772—1823）是英国古典政治经济学的集大成者，是古典学派的最后一名代表，是最有影响力的古典经济学家。他的代表作是《政治经济学及赋税原理》。

大卫·李嘉图是在1799年读了亚当·斯密的《国富论》之后开始研究经济问题的。在大卫·李嘉图的著作中，对利润和工资的考察都没有涉及不变资本，所以我们说在他的论著中是包含剩余价值理论的。他所谈到的利润其实就是剩余价值，他所说的利润规律也就是剩余价值规律。

第一，坚持劳动决定价值的观点。

大卫·李嘉图在价值的决定方面对亚当·斯密的观点进行了纠正，他认为商品价值决定于劳动时间，但是商品的价值和劳动的价值是没有关系的。李嘉图始终坚持耗费劳动决定价值的原理，批评一切与其相矛盾的观点，进一步阐述了商品价值量与生产时的耗费劳动成正比例、与劳动生产率成反比例的原理。他第一个提出了决定价值的劳动不是实际的个别劳动而是社会必要劳动，他还指出了决定商品价值的不仅有直接投入生产的活劳动,还有投在所耗费的生产资料上的劳动。他着重批评斯密"三种收入决定价值"的观点。他赞成商品价值要分解为三种收入,同时指出不能倒转过来又认为三种收入构成交换价值,并详细地证明工资、利润和地租的变动不会影响商品的价值量,只影响三者之间的分配比例。因此,他提出商品价值分解为三种收入,并不改变劳动决定价值的原理。李嘉图还指出商品的价值是由社会必要劳动量决定的,也论及了简单劳动与复杂劳动的计量问题。

第二,关于资本和劳动力价值的交换。

大卫·李嘉图没有分析剩余价值的起源,而且把工作日看成是一个固定的量。大卫·李嘉图没能区分劳动和劳动力的区别,但是对平均工资即劳动的价值作出了正确的规定。他认为,劳动的价值既不决定于工人得到的货币,也不决定于工人得到的生活资料,而是决定于为生产这些生活资料所花费的劳动时间,决定于物化在工人得到的生活资料中的劳动量。从而可以得出这样的结论:劳动的价值等于必要生活资料的价值,等于生产这些必要生活资料所花费的劳动量。大卫·李嘉图还把劳动的价格分为自然价格和市场价格。劳动的自然价格是让劳动者大体上能够生活下去，并不增不减地延续其后裔所必需的价格。劳动的市场价格是根据供求比例的自然作用实际支付的价格。但是，大卫·李嘉图并没有把工人的工作日区分为必要劳动时间和剩余劳动时间，这样剩余价值的起源就变得不清楚了。由于没有明确表述剩余价值的起源和性质，把工作日看作是一个固定的量，所以忽略了剩余价值的差别，不理解资本的生产性，不理解资本家利用对资本的占有强迫工人进行剩余劳动。在大卫·李嘉图看来，从资本主义生产的事实出发，产品的价值大于工资的价值，这是事实。而这个事实究竟是怎样产生的，大卫·李嘉图没有搞清楚也没有进行说明。

第三，对相对剩余价值的分析。

相对剩余价值实际上是大卫·李嘉图在利润名义下研究剩余价值的唯一形式。工厂里生产出的商品的价值是一个固定的量，这个固定的量要在资本家和工人之间进行分配。如果工人分得多，那么资本家就分得少了；相反如果工人分得的少，那么资本家分得的就多了。商品的价值全都是由工人的劳动创造出来的，所以在任何情况下都要使工人得到能维持自己生活的必要工资，否则工人生存不下去就没有办法继续进行生产了。

如果工人的工资提高了，那么留给资本家的剩余产品就减少了。而工人工资的多少决定于必要生活资料的价格，必要生活资料的价格又决定于劳动生产率。因此，工人工资的提高或降低与劳动生产率的发展成反比。所以剩余价值率的提高或降低就与劳动生产率成正比。这样大卫·李嘉图就得出一个结论，一切不论是由分工、机器的改进、运输工具的完善还是对外贸易引起的改良，总之，一切缩短制造和运输商品的必要劳动时间的方法，并由此降低劳动的价值，都会增加剩余价值，增加利润，从而使资本家阶级发家致富。

第四，地租理论。

李嘉图强调地租不是决定价值的原因，而是农产品价格提高的结果。他给地租下定义说："地租是为使用土地的原有和不可摧毁的生产力而付给地主的那一部分土地产品。"他反对把地租看成是自然的赐予，认为恰恰相反，大自然是吝啬的，自然界中好地太少，人类为了满足自身的需要，不得不耕种贫瘠的土地，耗费更多的劳动生产农产品。李嘉图只讲级差地租，否认绝对地租的存在。对级差地租的考察涉及两种形态：第一种形态是由于土地肥力和位置不同，在同量土地上投入同量资本，劳动生产率不同而形成的级差地租。第二种形态是由于在同一块土地上追加投资，劳动生产率递减，原先投资和追加投资所形成的劳动生产率的差别，也会形成级差地租。

第二节　马克思对古典政治经济学
剩余价值观的评价

马克思的剩余价值理论是在继承和批判古典政治经济学的基础上产生的，马克思对古典政治经济学进行了深入的研究，并作了大量的读书笔记。在这些读书笔记和马克思的论著中，包含了马克思对这些古典政治经济学家的评价。

一、对威廉·配第剩余价值观的批判与继承

马克思对威廉·配第的评价是一分为二的。马克思丝毫不欣赏威廉·配第的人品，甚至是憎恶的。马克思说威廉·配第是个"十分轻浮的外科军医"，是个"轻浮的、掠夺成性的、毫无气节的冒险家"。但是，马克思对威廉·配第在经济领域的学术贡献还是十分欣赏的，对他的经济思想给予了极高的评

价。马克思称威廉·配第为"现代政治经济学的创始者""最有天才的和最有创见的经济研究家",是"政治经济学之父,在某种程度上也可以说是统计学的创始人"。马克思曾这样说:"配第在政治经济学的几乎一切领域中所作出的最初的勇敢的尝试,都一一为他的英国的后续者所接受,并用作了进一步的研究。在1691到1752年这段时间……比较重要的经济著作,无论赞成或反对配第,总是涉及配第的。"①

马克思认为威廉·配第的很多观点是有突破性的,有创见性的。但是,威廉·配第在剩余价值理论方面的一些观点还不是很成熟,甚至出现了思考的偏差,有待进一步去考察和纠正。

第一,三种价值规定的混淆。

威廉·配第考察了价值的来源,首先提出了劳动创造价值的观点。但是,他没有把价值、交换价值和价格明确区分开来,将三种价值规定混淆在一起。威廉·配第认为由等量劳动时间决定商品的价值量,表明了劳动是价值的源泉。虽然威

---

① 《马克思恩格斯全集》第26卷第一分册,北京:人民出版社,1972年版,第389页。

廉·配第在其他地方抛弃了货币主义的一切幻想，但是在作为社会劳动的形式的价值问题上，却认为货币表现为价值的真正形式，而没有认识到交换价值与价值的关系。同时，他又把作为交换价值的源泉的劳动，和创造使用价值的劳动混为一谈，这也就造成了威廉·配第剩余价值理论的第二个缺陷，没有意识到劳动的二重性。

第二，没有认识到劳动的二重性。

威廉·配第没有认识到劳动的二重性，即没能够将劳动区分为具体劳动和抽象劳动。因此，他把生产白银的具体劳动当作创造价值的劳动，没有发现创造价值的其实是抽象劳动，具体劳动创造的是使用价值。由于没有能够正确区分具体劳动和抽象劳动，所以自然也就混淆了使用价值的生产和价值的创造。这样，对于价值真正来源的考察也就陷入了一种混乱。

第三，与劳动价值论的矛盾。

威廉·配第考察价值来源的时候，提出了劳动创造价值的观点。但是，威廉·配第还提出了"劳动是财富之父，土地是财富之母"的观点，在这里，他又认为劳动和土地共同创造价值。显然，这种观点和他的"劳动创造价值"的观点是相矛盾的。这说明对于价值的来源，威廉·配第本身也是没有考虑清楚的。只是肯定了劳动在价值创造中的决定性作用，但是没有能够正确认识到土地等生产资料在价值创造中究竟起到了什么样的作用。所以，威廉·配第对价值和剩余价值的来源的考察虽然还存在一些混淆和不清楚的地方，但是与前人的研究相比已经有了十分重要的突破，对后人的研究工作有着极其重要的启示作用。

二、对亚当·斯密剩余价值观的批判与继承

亚当·斯密的政治经济学理论已经形成了一个较为完整的体系，对马克思剩余价值理论的创立有着重要的影响。他最早把剩余价值的来源归结于剩余劳动，从而为剩余价值理论的创立奠定了科学基础。

马克思认为亚当·斯密的剩余价值思想相较威廉·配第已经有了更为深入的研究，在马克思的剩余价值理论中也对亚当·斯密的思想有所借鉴。马克思对亚当·斯密的剩余价值观评价很高。马克思认为，斯密不仅"认识到了剩余价值的真正起源"，"同时他还十分明确地指出，剩余价值不是从预付基

金中产生的"，"是在新的生产过程中从'工人加到材料上的'新劳动中产生的"，"可见，利润不是别的，正是工人加到劳动材料上的价值中的扣除部分"。亚当·斯密认为创造剩余价值的劳动是生产商品的一切劳动而不仅仅是农业的劳动，突破了重农学派认为只有农业才创造剩余价值的局限。

但是，在研究过程中也出现了一些使亚当·斯密困惑而又没有思索出答案的问题，这也使他的研究成果和研究思路出现了一些混乱和偏差。而这些困扰亚当·斯密的问题，马克思找到了答案。

第一，亚当·斯密没有认识到劳动力是一种特殊的商品。

在探讨剩余价值的起源时，亚当·斯密发现了一些问题，但是他没能够正确解释这些问题。亚当·斯密发现，从资本家和工人付出的劳动量和获得的劳动报酬来看，是不符合价值规律的。按照价值规律，价值是由劳动时间来决定的，也就是由劳动量来决定的，并且在交换的过程中应该遵循等价交换的原则。如果以价值规律为原则进行交换，那么就应该是付出的劳动越多，获得的报酬越多。但是，事实上并非如此。对于工人来说，工人在生产过程中付出了大量的劳动，但是获得的报酬却是比较少的。对于资本家来说，资本家在生产过程中只付出了少量的劳动，但是却获得了大量的报酬。这样，付出的劳动和获得的报酬是不对等的，应该是不合理的。但是对于为什么会出现这种不合理现象，亚当·斯密没能找到答案，所以也就不能对此作出解释。不过可贵的是，亚当·斯密意识到了这个问题，并且重视了这一矛盾。但是，这一矛盾也把亚当·斯密搞糊涂了，不能用劳动价值论科学地阐明剩余价值的占有是怎样发生的，使他在这个问题的解释上抛弃了劳动价值论，否定了价值规律的作用。

马克思对亚当·斯密困惑的这一问题进行了进一步的分析，发现这个矛盾之所以存在，是因为在资本主义生产中劳动力本身已经成为一种特殊的商品。在生产过程中发生的交换是资本家的资本和劳动力这种商品之间的交换。

第二，亚当·斯密没有区分剩余价值和利润。

马克思认为亚当·斯密对剩余价值和利润的混淆是其理论中的庸俗成分。亚当·斯密在论述一般剩余价值的时候，明确表明了利润和地租是剩余价值的不同形式和组成部分。在对剩余价值来源的研究中也表明了，由原材料、机器设备等生产资料构成的那部分资本，并没有创造剩余价值。剩余价值完全是由工人生产出相当于他工资的那部分商品后，继续追加的劳动量所创造的。所以说，剩余价值只是和用来雇佣劳动力支付工资的那部分资本有直接关系。而利润则是按照资本家为了组织生产所支付的全部资本总额来计算的。所以，亚当·斯密将剩余价值和它的利润形式混为一谈了。至于二者的区别，我们在剩余价值率和利润率的计算上就可以清晰地看出。我们用m表示剩余价值，m′表示剩余价值率，P表示利润，P'表示利润率，c表示不变资本，即资本家用来购买原材料、机器设备、厂房等生产资料的资本，v表示可变资本，即资本家用来雇佣劳动力的资本，资本家组织生产付出的全部资本就是c+v。

剩余价值率的公式可以表示为：$m' = m/v$

利润率的公式可以表示为：$P' = m/(c+v)$

第三，在交换价值的决定问题上表现出两种观点。

亚当·斯密在讨论商品交换价值的决定时，出现了前后不一的观点。一方面，亚当·斯密指出商品的交换价值是由劳动量决定的，这一观点延续了威廉·配第的基本观点，马克思也继承了这一观点。另一方面又认为交换价值由工资、利润、地租三种收入决定。他在《国富论》中说道："工资、利润和地租，是一切收入的三个原始源泉，也是一切交换价值的三个原始源泉。"在这个论述中，说工资、利润和地租是一切收入的三个原始源泉这是正确的，但是交换价值是由商品中包含的劳动时间决定的。这样，亚当·斯密在交换价值的决定问题上出现了两种不同的观点。马克思继承并发展了亚当·斯密的价值理论，区分了"价格"和"价值"两个不同的概念，并进一步指出，"供求"只是影响价格的因素，而"价值"才是价格的决定因素。这里马克思继承和完善了亚当·斯密的"交换价值"理论，指出交换价值的基础是价值。交换价值只是价值的表现形式。

总体来说，亚当·斯密的研究思路是从商品的价值开始，在这部分正确地认识到了价值的决定，并找到了剩余价值的源泉，进一步推导出工资和利润。但后来他又想从反方向由工资、利润和地租推导出商品的价值，这就陷入了一条错误的循环论证道路。

三、对大卫·李嘉图剩余价值观的批判与继承

大卫·李嘉图的剩余价值观相较之前的政治经济学家已经有了很大的进步，他虽然没有明确地指出剩余价值，但是从他的研究内容来看其实已经看到了剩余价值。不过，一些困扰亚当·斯密的问题，在大卫·李嘉图这里也没有得到真正的解决。

第一，混淆了剩余价值和利润。

大卫·李嘉图在任何地方都没有离开剩余价值的利润、地租、利息等特殊形式来单独考察剩余价值。大卫·李嘉图是这样考察问题的：他认为似乎所有的资本都直接花费在工资上了，就这一点来说，他考察的是剩余价值而不是利润，所以我们才说大卫·李嘉图有剩余价值理论。大卫·李嘉图所谈到的利润理论其实就是剩余价值理论，他所说的利润规律也就是剩余价值规律，因为他把利润和剩余价值混淆起来了。

第二，混淆了劳动和劳动能力。

为了规定剩余价值，大卫·李嘉图首先应该规定劳动力的价值。他把劳动的价值规定为由在一定社会中为维持工人生

活并延续其后代通常所必需的生产资料所决定的。但是，劳动的价值为什么要这样决定呢？大卫·李嘉图除了用供求规律说明这一问题之外，其实并没有作出回答。事实上，大卫·李嘉图本来应该讲的是劳动能力而不是劳动。这样一来，资本就会表现为一种独立力量与工人相对立的劳动的物质条件了，而且立刻就会表现为一定的社会关系了。可是，在大卫·李嘉图看来，资本仅仅是不同于"直接劳动"的"积累劳动"，仅仅被当作一种纯粹物质的东西，纯粹是劳动过程的要素。而从这个劳动过程是绝不可能引出劳动和资本、工资和利润的关系来的。

第三，两个不可克服的矛盾。

在大卫·李嘉图的剩余价值观中有两个不可克服的矛盾。第一个矛盾是资本与劳动交换和价值规律的矛盾。认为工人出卖的是劳动，工资是劳动的价格。依据这一观点，如果资本与劳动的交换是等量劳动相交换，就无法说明资本家所得的利润由何而来；如果二者相交换，资本家所得不仅能补偿资本还有利润，那么交换必定是不等价的，与价值规律是相矛盾的。马克思认为正是由于大卫·李嘉图不能区分劳动和劳动力的区别，因而不能对这一矛盾作出科学的解释。第二个矛盾是等量资本获得等量利润和价值规律的矛盾。两个数量相等的资本，有机构成不同，如果剩余价值率相同，按照劳动价值论，二者生产出来的商品必然价值量不同，剩余价值量不同，利润率不同。如果认为等量资本获得等量利润是一个普遍的规律，那么很显然，要想满足这一平均利润率规律的要求，商品就不能按劳动决定的价值出卖，这又违背了价值规律，二者存在着不相容的矛盾。

综上所述，在马克思剩余价值理论产生以前，亚当·斯密、大卫·李嘉图等古典经济学家虽然承认利润来源于劳动者的剩余劳动，肯定了劳动在经济发展中的主体作用，但出于其资产阶级的立场和资本稀缺的现实，他们在对经济发展的论证中，却借助天赋人权的说法片面论证了资本家独占利润进行资本积累对于经济发展的重要性，对于工人及其获取工资、积累人力财富、发挥创新劳动对经济发展的正面作用，或者论述很少，或者几乎没有作出论证。认为工人创造剩余价值、无权占有剩余价值是合理的、永恒不变的自然现象，是对生产力发展最有利的。

第三节　马克思剩余价值理论的创立

马克思一生致力于人类解放的伟大事业，唯物主义历史观和剩余价值理论是马克思的两个伟大发现。马克思在批判和继承了古典政治经济学家的剩余价值思想的基础上，对前人未能解释的问题进行了回答，找到了剩余价值的真正来源，并创立了剩余价值理论。

一、萌芽阶段

马克思和恩格斯在19世纪40年代开始创立科学社会主义，并开始研究经济问题。在这一时期，马克思的剩余价值理论处在萌芽阶段。

马克思的第一个伟大发现——唯物主义历史观，萌芽于1845年的《关于费尔巴哈的提纲》，基本完成于1845—1846年的《德意志意识形态》；第二个伟大发现——剩余价值理论，萌芽于1847年的《哲学的贫困》和1847年所作的、1849年发表的《雇佣劳动与资本》，基本完成于《1857—1858年

《1857—1858年经济学手稿》中的劳动二重性理论是马克思在19世纪50年代政治经济学研究中十分重要的科学研究成果。这一成果是理解政治经济学的枢纽，是以剩余价值理论为核心的政治经济学的全部理解的基础。

在《1857—1858年经济学手稿》中，马克思区分了劳动和劳动力，分析了劳动力商品的二重性。这是一个重大的理论突破。这一理论突破是马克思得以创立剩余价值理论的重要关键。在手稿中，马克思第一次提出了"劳动能力"的概念。他指出，资本家和工人之间的交换不是资本和劳动之间的交换，而是"资本和劳动能力的交换"。[1]马克思在这里说的"劳动能力"就是劳动力。在马克思的著作中，劳动能力和劳动力是同义语。例如，后来马克思在《资本论》中说："我们把劳动力或劳动能力，理解为人的身体，即活的人体中存在的、每当人生产某种使用价值时就运用的体力和智力的总和。"[2]

在《1857—1858年经济学手稿》中，马克思区分了不变

---

[1]《马克思恩格斯全集》第46卷上册，北京：人民出版社，1979年版，第240页。

[2]《马克思恩格斯全集》第23卷，北京：人民出版社，1972年版，第190页。

资本和可变资本。这是又一个重大的理论突破。这一理论突破是马克思得以创立剩余价值理论的又一重要关键。在《1857—1858年经济学手稿》中，马克思第一次按照资本各个部分的价值转移方式对资本进行分类，把资本分为两部分："资本的不变部分"和"资本的可变部分"。前者是"由材料和机器构成"的部分，后者是"资本中同活劳动相交换并构成工资基金的那部分"①。

在《1857—1858年经济学手稿》中，马克思第一次分析了资本主义生产过程的二重性。劳动二重性学说的创立，劳动和劳动力的区分，劳动力商品二重性的分析，不变资本和可变资本的划分，这一切为分析资本主义生产过程的二重性作好了理论准备。马克思发现，资本主义生产过程既是劳动过程，又是价值增殖过程。

在《1857—1858年经济学手稿》中，马克思第一次使用了"剩余价值"这一科学用语，科学地揭示了剩余价值的性质和来源。马克思指出，工人出卖给资本家的是"劳动能力"，

①《马克思恩格斯全集》第46卷上册，北京：人民出版社，1979年版，第366页。

是对自己劳动能力的定时的支配权。资本家付给工人的是劳动能力这一商品的等价物。工人和资本家的这一交换是在流通领域中进行的。流通过程结束后，资本在生产过程中迫使工人进行劳动。"劳动是酵母，它被投入资本，使资本发酵。"①工人不仅生产劳动能力的等价物，而且生产超过等价物的价值。剩余价值总是超过等价物的价值。等价物，按其规定来说，只是价值同它自身的等同。所以，剩余价值决不会从等价物中产生，因而也不是起源于流通，它必须从资本的生产过程本身中产生。马克思对剩余价值的生产又作了这样的表述：如果工人只花费半个工作日就能活一整天，那么，他要维持他作为工人的生存，就只需要劳动半天。后半个工作日是强制劳动，即剩余劳动。在资本方面表现为剩余价值的东西，正好在工人方面表现为超过他作为工人的需要，即超过他维持生命力的直接需要而形成的剩余劳动。马克思在《1857—1858年经济学手稿》中还考察了剩余价值生产的两种方法：绝对剩余价值生产和相对剩余价值生产。马克思说："资本的规律是创造剩余劳

① 《马克思恩格斯全集》第46卷上册，北京：人民出版社，1979年版，第256页。

动。"①这表明，马克思在手稿中事实上已经提出了剩余价值规律。

"马克思在五十年代一个人埋头制定了剩余价值理论。"②恩格斯的这一结论是对马克思在19世纪50年代政治经济学研究的科学成果的准确总结。

三、面世阶段

1859年，马克思出版《政治经济学批判》，开始公布自己在19世纪50年代研究政治经济学的科学成果。

《1861—1863年经济学手稿》是马克思《资本论》的第二部草稿。在这部经济学手稿中，马克思清除了自己在19世纪40年代提出的关于劳动价值就是工资最低额的错误观点，全面地分析并科学地阐述了劳动力商品价值的决定因素，发展了50年代制定的剩余价值理论。

《1863—1865年经济学手稿》是马克思《资本论》的第三

---

①《马克思恩格斯全集》第46卷上册，北京：人民出版社，1979年版，第378页。

②《马克思恩格斯全集》第39卷，北京：人民出版社，1974年版，第25页。

部草稿。在这部经济学手稿中，剩余价值理论有了进一步的发展。马克思在1865年《工资、价格和利润》中第一次简明扼要地公开阐述了自己的剩余价值理论。

1867年，马克思《资本论》第一卷问世。《资本论》是一部划时代的科学巨著。在《资本论》中，马克思高度严密而精确地阐述了自己的剩余价值理论。在以劳动二重性为核心的劳动价值理论的基础上，马克思研究了资本的总公式，分析了劳动力商品的双重性质，考察了作为劳动过程和价值增殖过程的统一的资本主义生产过程，揭示了价值增殖的秘密，阐明了剩余价值的来源和性质，指出了剩余价值是雇佣工人在生产过程中创造而被资本家无偿占有的超出劳动力价值的价值。马克思区分了不变资本和可变资本，揭示了资本家对雇佣劳动者剥削程度的剩余价值率，分析了提高剥削程度的基本方法，即绝对剩余价值的生产和相对剩余价值的生产。马克思第一次区分了剩余价值的一般形式和它的各种具体形式，研究了剩余价值到工业利润、商业利润、利息和地租的转化。马克思发现了资本主义生产方式的基本经济规律，指明"生产剩余价值或赚钱，是这个生产方式的绝对规律"①。这样，马克思最终制定了剩余价值理论，完成了自己的第二个伟大发现。

第四节　马克思剩余价值理论的历史地位

马克思剩余价值理论作为一个完整的科学理论体系，揭示了剩余价值的来源和性质，揭示了资本主义剥削的秘密，揭示了资本主义社会两大阶级对立的经济根源，揭示了在剩余价值规律和资本积累规律的作用下资本主义必然被社会主义所取代的历史趋势，创立了全新的劳动价值理论，并为无产阶级革命实践提供了理论武器。恩格斯在评论《资本论》时指出：剩余价值问题的解决，"是马克思著作的划时代的功绩"②。列宁高度评价说："剩余价值学说是马克思经济理论的基石。"③

_____

① 《马克思恩格斯全集》第23卷，北京：人民出版社，1972年版，第679页。

② 《马克思恩格斯选集》第3卷，北京：人民出版社，1995年版，第548页。

③ 《列宁选集》第2卷，北京：人民出版社，1995年版，第312页。

一、丰富和发展了古典政治经济学

马克思之前的经济学家虽然在一定程度上曾接触到剩余价值问题，但由于他们的阶级局限性，没有也不可能认识到剩余价值的本质，从而也就不能对剩余价值的生产给出一个合理的解释。马克思之前的"所有经济学家都犯了一个错误：他们不是就剩余价值的纯粹形式，不是就剩余价值本身，而是就利润和地租这些特殊形式来考察剩余价值"[①]。像亚当·斯密、大卫·李嘉图等资产阶级经济学家都只是从利润、地租等特殊形式上来考察剩余价值，而没有从剩余价值本身出发去做深入的研究，也没有考察剩余价值的起源问题。或许是由于他们所代表的阶级立场限制了他们的思维或研究，他们在剩余价值的研究中只注重了形式与现象，而忽视了其内容与本质，而关于剩余价值来源和本质的探讨才是剩余价值理论的真正意义所在。

与之前的古典政治经济学家们的资产阶级立场不同，马克思、恩格斯站在无产阶级立场上，运用唯物史观来观察社会经济现象。他们从古典政治经济学的劳动价值论出发，在"劳动

[①]《剩余价值理论》第一册，北京：人民出版社，1975年版，第7页。

创造价值"的基础上将劳动区分为具体劳动和抽象劳动，并进一步阐明了具体劳动创造使用价值、抽象劳动创造价值。对于剩余价值，古典政治经济学派的研究仅仅停留在承认有剩余价值存在这一事实的局限之中，而马克思的剩余价值理论进一步揭示出剩余价值的来源、本质和运动规律，并列出了剩余价值的生产方式、剩余价值的实现途径，以及剩余价值是如何在资产阶级内部被不同部门资本家分割的，在经济思想史和社会主义思想史上第一次创立了科学完整的剩余价值理论。马克思、恩格斯最先把剩余价值从它的具体形态中抽象出来，并且区分了劳动和劳动力、不变资本和可变资本，揭露了剩余价值的来源和资本主义生产的剥削本质，阐明了绝对剩余价值和相对剩余价值的生产过程，从而深刻地揭示了资本主义基本经济规律，即剩余价值规律。

马克思第一次指出劳动力和劳动是两个不同的经济范畴。工人出卖给资本家的不是劳动而是劳动力，科学地揭示了劳动力商品所具有的特殊的使用价值，科学地解决了资产阶级经济学所解决不了的价值规律与劳动和资本的交换规律之间的矛盾问题，不仅解决了古典经济学家关于"价值之谜"的问题，而且无情地批判了资本主义制度下劳动的异化和资本家榨取剩余价值的罪恶，并由此得出了资本主义必然灭亡，社会主义必然胜利的历史结论，丰富和发展了古典政治经济学。

二、是无产阶级反对资产阶级的锐利武器

马克思剩余价值理论第一次从劳动者的立场分析资本主义生产过程，通过剩余价值的发现，让劳动者认识到了自己在资本主义生产中的地位和作用，唤醒了劳动者为维护自己的利益而奋起反抗的意识，成为与不劳而获的资产阶级相对抗的经济学说。马克思剩余价值理论的创立，揭示了资本主义制度的剥削实质，提高了无产阶级革命斗争的觉悟，丰富了无产阶级革命斗争的策略，强化了无产阶级专政的意识，有效地指导了无产阶级革命斗争的实践。马克思的剩余价值理论为劳动者争取社会主体地位的工人运动提供了理论依据，为人类的解放事业奠定了理论基础。

第一，揭示了资本主义制度的剥削实质。

马克思剩余价值理论的核心思想在于，创造价值的唯一源

泉是人的活劳动——抽象劳动。工人在剩余劳动时间内所创造的新价值叫剩余价值，剩余价值本来是工人活劳动的产物，应归工人个人所有，但在资本主义条件下，却被资本家凭借对生产资料的所有权无偿独占。资本家将一部分剩余价值用于个人生活消费，另一部分用于购买新的生产资料和劳动力商品，进行扩大再生产，以获取更多的剩余价值，这就是资本家剥削工人发财致富的秘密。在马克思关于剥削的理论中，资本主义全部的秘密隐藏在剩余价值之中。所以，在资本主义制度中，资本家与工人的关系是雇佣与被雇佣、剥削与被剥削的关系。资本主义国家是资本家阶级利益的代表，是维护资产阶级统治的国家机器，因而，资本主义国家与工人的关系也是剥削与被剥削的关系，工人阶级不仅受产业资本家的剥削，而且受整个资本家集团的剥削。

第二，提高了无产阶级革命斗争的觉悟。

无产阶级反对资产阶级的斗争经历了不同的发展阶段。起初，无产阶级对资产阶级的认识，还处在感性认识的阶段，即只认识到资本主义社会各个现象的片面性和外部联系，而未能认识资本主义的本质，没有觉悟到把资本家当作一个阶级来反对，更没有认识到本阶级的力量和历史使命。工人们以为自己陷入贫困是由于机器和厂房造成的，而不了解其根源在于资产阶级的剥削。因此，他们反对资产阶级的斗争，以捣毁机器、焚烧厂房等形式进行，斗争是分散的、自发的，这一阶段被称为"自在的斗争阶段"。《共产党宣言》的发表，为无产阶级革命斗争提供了理论指导。马克思剩余价值理论的创立，更进一步从资本主义生产关系产生、发展、灭亡的规律分析论证了资本主义制度的剥削性，揭示了剩余价值产生的唯一源泉是工人的剩余劳动，这部分价值却被资产阶级凭借对生产资料的所有权无偿占有，从而更为明确地揭示了资本主义制度的剥削实质，揭示了工人阶级被雇佣、受剥削的根源就在于资本主义生产资料私有制。工人阶级作为一个阶级，不仅受产业资本家的剥削，而且受整个资本家集团的剥削。工人阶级要想摆脱剥削和贫困，获得自由解放，必须组织起来，在自己的革命政党的领导下，通过暴力革命，推翻资本主义的统治，用社会主义制度代替资本主义制度。由此，无产阶级将斗争的锋芒直接指向整个资产阶级，无产阶级革命斗争进入"自为的斗争阶段"。

第三，丰富了无产阶级革命斗争的策略。

马克思剩余价值理论不仅揭示了工人阶级在资本主义制度下受剥削的阶级地位，而且阐明了工人阶级的历史使命。1844年，马克思在《〈黑格尔法哲学批判〉导言》中，就得出了无产阶级是实现社会革命的社会力量这一重要结论。与此同时，恩格斯在《英国工人阶级状况》中指出，工人阶级不仅是一个受苦的阶级，而且是一个自己能够解放自己的阶级，是实现社会变革中的最先进的力量。1848年，马克思、恩格斯在《共产党宣言》中进一步向全世界宣告，"资产阶级不仅锻造了置自身于死地的武器，它还产生了将要运用这种武器的人——现代的工人，即无产者"，"它首先生产的是它自身的掘墓人"[①]。无产阶级作为一个阶级，深受整个资本家阶级的剥削和统治，无产阶级革命要想取得最终胜利，就必须建立无产阶级政党，使无产阶级斗争在共产党的领导下，采取自觉的、有组织的经济斗争和政治斗争形式，并在革命斗争实践中寻找革命力量，建立广泛的统一战线。

---

① 《马克思恩格斯全集》第1卷，北京：人民出版社，1995年版，第278、284页。

三、证明了唯物主义历史观的科学性

唯物史观是马克思除了剩余价值理论之外的另一个伟大发现。马克思的剩余价值理论和唯物史观是相互促进的。一方面，马克思对资本主义经济运动规律的研究是在唯物主义历史观的指导下进行的。另一方面，马克思创立的剩余价值理论通过对资本主义这一特定历史阶段的分析，证明了唯物主义历史观的科学性和正确性。

马克思、恩格斯在1845—1846年写的《德意志意识形态》中已经奠定了唯物主义历史观的基石。1859年，马克思在《政治经济学批判》序言中对唯物主义历史观作了精辟的表述。其实，当时马克思的唯物主义历史观已经基本形成，他已经发现了人类社会的发展规律。但是，马克思是个对待学术十分严谨的学者，同任何新的科学发现一样，唯物主义历史观作为一种新的学说也要通过理论与实践予以论证。马克思的《资本论》全面系统地阐述了他的剩余价值理论，深刻地剖析了资本主义社会的各个方面，特别是对资本主义生产方式产生、发展和灭亡的规律的分析，证明了唯物主义历史观的科学性。

第一，马克思通过劳动价值论和剩余价值理论，说明了人与人之间的各种社会关系中起决定作用的是经济关系，即生产关系。在资本主义社会，这种经济关系主要表现为工人阶级与资本家阶级、土地所有者三者之间的阶级关系。工人阶级与资本家阶级、土地所有者之间的阶级对立，主要是由于经济利益上的对立，即资本家阶级及土地所有者凭借对生产资料的所有权，无偿占有工人阶级创造的剩余价值，从而对工人阶级进行了剥削，造成工人阶级利益的损害。从表面上看，工人出卖自己的劳动力，资本家按劳动力的价格付给工人工资，这种交换是按商品交换的等价交换原则进行的，双方是公平交易。但是，这种交换给交换双方带来的结果却有很大的不同。工人得到相当于自身劳动力价值的工资之后，把它用于购买个人及家庭成员所必需的食品、衣服等生活资料，结果仍然是一无所有的工人；而资本家则通过对劳动力商品的使用，不仅支付给工人的工资得到了补偿，而且获得了工人在生产过程中创造的剩余价值。这种相互对立的经济关系，决定了这两个阶级的阶级地位，决定了资本主义生产关系的性质，也决定了这两个阶级之间乃至资本家个人与工人个人之间的其他社会关系。而且，马克思的剩余价值理论还揭示了资本家与土地所有者之间的关系，以及资产阶级内部产业资本家、商业资本家、借贷资本家之间的关系。实质上，产业资本家、商业资本家、借贷资本家和土地所有者共同对工人阶级进行剥削，瓜分工人生产的剩余价值。同时，由于资本主义生产的目的就是追求剩余价值，为了自己获得更多的剩余价值，产业资本家、商业资本家、借贷资本家和土地所有者之间在剩余价值分割的过程中也存在利益纠葛，因此他们之间也存在激烈的竞争。马克思的剩余价值理论关于资本主义生产关系的分析，都是在唯物主义历史观指导下作出的，同时，这些分析也证明了唯物主义历史观的正确性。

第二，马克思的剩余价值理论用资本主义社会的现实证明了：一定社会形态的上层建筑的性质及发展程度，归根到底决定于经济基础。尽管马克思的剩余价值理论集中研究的是资本主义经济运动规律，但是在《资本论》及其各部草稿中仍然深刻地揭示了资本主义社会上层建筑同经济基础的关系。他多次分析了资本主义国家的性质，指出资本在生产过程中的指挥权，必然造成对政治的统治权和对精神的指导权。列宁曾谈道，"《资本论》把整个资本主义社会形态作为活生生的东西向读者表明出来，将它的生活习惯，将它的生产关系所固有的阶级对抗的具体社会表现，将维护资产阶级统治的资产阶级政治上层建筑，将资产阶级的自由平等之类的思想，将资产阶级的家庭关系都和盘托出。"①

第三，《资本论》对资本主义生产方式产生、发展和必然被社会主义取代的分析，证明了唯物主义历史观的另一基本原理，即生产关系的性质决定于生产力的发展水平，生产方式的内在矛盾，即生产力与生产关系的矛盾，是推动社会发展的根本动力。马克思在《资本论》中分析了简单商品经济向资本主义商品经济的发展，分析了社会生产的组织方式。由协作向工场手工业的发展，及由工场手工业向大机器生产的发展，分析了个体生产向资本主义生产的发展。所有这些都表明，资本主义生产方式必然取代封建主义生产方式，而其根本原因，就在于封建制生产关系已经严重妨碍了生产力的发展。资本主义生产方式产生后，曾大大推动了生产力的发展。但是，生产力的进一步发展，又同资本主义生

① 《列宁选集》第1卷，北京：人民出版社，1960年版，第9页。

产关系发生矛盾。生产资料私有制同社会化生产之间的矛盾，是资本主义生产方式的基本矛盾，这一基本矛盾不可能在资本主义制度范围内解决，"生产资料的集中和劳动的社会化，达到了同它们的资本主义外壳不能相容的地步"，"资本主义占有方式，进而资本主义的私有制，是对个人的、以自己劳动为基础的私有制的第一个否定。但资本主义生产由于自然过程的必然性，造成了对自身的否定，这是否定的否定"①。马克思用丰富的、无可辩驳的材料和科学的理论分析，说明了人类社会发展的客观规律，彻底推翻了唯心主义历史观。正是在这个意义上，列宁说："自从《资本论》问世以来，唯物主义历史观已经不是假设而是科学地证明了的原理。"②

四、使科学社会主义学说由空想变为科学

我们都知道，马克思的科学社会主义理论是在批判和继承了空想社会主义的基础上产生的。在马克思之前，空想社会主

①《马克思恩格斯全集》第23卷，北京：人民出版社，1972年版，第831、832页。
②《列宁选集》第1卷，北京：人民出版社，1960年版，第10页。

义者已经发现了资本主义制度并不是一种合理的社会制度，提出资本主义制度必然要被理想社会制度所代替的理论。但是，他们的学说之所以被认为是空想的社会主义理论，主要是因为他们在历史观上都是唯心主义的。也就是说，他们对资本主义制度的批判和对未来社会的设想，都建立在所谓理性原则上，没有找到支持他们对资本主义制度进行批判的理论，也没有找到取代资本主义制度的现实途径。因此，他们没有也不可能对资本主义制度被未来社会取代的必然性作出科学分析，更没有找到能够完成这一历史使命的阶级力量，而他们关于未来社会的种种设想虽然美好，但却没有科学根据，所以只能停留在空想阶段。

恩格斯在评价马克思剩余价值理论的历史意义时说："社会主义在这里第一次得到科学的论述。"[①]首先，剩余价值理论发现了掩盖在利润形式之下的剩余价值的本质，揭露了资本主义生产中资本家对工人生产的剩余价值的无偿占有，揭示了资本主义制度下资产阶级对工人阶级赤裸裸的剥

---

① 《马克思恩格斯全集》第16卷，北京：人民出版社，1964年版，第412页。

削，这为工人阶级和资产阶级之间的阶级对立提供了理论依据。剩余价值理论使工人阶级明白了，要想获得自身解放，摆脱经济上受剥削、政治上受压迫的阶级地位，就必须彻底推翻资本主义私有制，这就为工人阶级指明了革命的目标和方向。其次，剩余价值理论不仅说明了工人阶级在资本主义制度下被剥削受压迫的阶级地位，而且阐明了工人阶级在社会变革中的伟大历史使命。随着资本主义剥削的扩大和加深，工人阶级和资产阶级之间的对立矛盾就会不断地尖锐和激化，催生工人阶级推翻资产阶级统治的革命需求。第三，工人阶级必然成为社会变革的主要阶级力量。从工人阶级成为除了自身劳动力外一无所有的劳动力商品开始，工人阶级就成为一个拥有共同利益的利益整体，相同的处境和相似的遭遇使他们更容易团结起来。在资本主义社会化大生产的条件下，工人阶级具有严格的组织性和纪律性，并且成为社会生产的主要承担者，在资本主义生产中成为不可或缺的一个生产要素，这同时也使工人阶级自然而然地对国民经济具有了决定性的影响。所以，马克思说，工人阶级是"由资本主义生产过程本身的机构所训练、联合和组织起来的"阶级，是"历史的动力"①。从理论上说，这就为资本主义制度的变革找到了阶级力量。从实践上说，工人阶级只有明确了自己的历史使命才有可能从自发的阶级变为自觉的阶级。第四，剩余价值理论揭示了资本主义生产方式的内在矛盾，阐明了资本主义制度必然被社会主义制度所取代的历史趋势，从而说明了人类社会发展的客观规律性。马克思科学地论述了社会主义、共产主义社会的基本特征和无产阶级进行社会主义革命的道路和斗争策略，找到实现社会主义的现实途径，为科学社会主义学说奠定了正确的理论基础。

延伸阅读

威廉·配第生平简介

威廉·配第（1623—1687）出生于英国汉普郡的一个毛纺织作坊主的家庭，从小独立谋生，从事过许多职业，从商船上的服务员、水手到医生、音乐教授。少时爱好数学和语言学，

---

① 《马克思恩格斯全集》第23卷，北京：人民出版社，1972年版，第831、552页

同时对打铁、木工和制造手表感兴趣。他头脑聪明，学习勤奋，敢于冒险，善于投机，晚年成为拥有大片土地的大地主，还先后创办了渔场、冶铁和铝矿企业。威廉·配第14岁时曾在一艘商船上当服务员，以后进入一所耶稣学院学习拉丁语、希腊语、法语和数学。1644年起，先后在阿姆斯特丹、巴黎和牛津等大学学医。这期间他与避难巴黎的英国哲学家霍布斯结成莫逆之交，并经常参加自然科学家的穆尔塞尼学会（法国科学院的前身）的学术活动。1651年获牛津大学医学博士后进入伦敦医学院，同时被聘为布雷塞诺斯学院副校长和牛津大学解剖学教授。在霍布斯影响下，他经常参加伦敦哲学会的活动。1652年他任英国驻爱尔兰总督亨利·克伦威尔的随军医生，由于受克伦威尔父子的器重，配第曾任爱尔兰土地测量总监等要职，配第也因而掠得土地5万英亩。1658年当选为爱尔兰国会议员。斯图亚特王朝复辟后，配第一度引退，只参加与自然科学有关的学术活动。1660年查理二世复辟，他又投靠查理二世，以后因深得国王查理二世的赏识，被封为男爵，成为新贵族。1685年詹姆斯二世继位，配第随即提出改革爱尔兰税制的建议，请求出任爱尔兰油量总监。希望落空后，他专心于研究和著述。1687年在伦敦病逝。

时势造英雄，英国资产阶级的大发展使这样一个"轻浮的"的冒险家成为"政治经济学之父"。17世纪中叶，工场手工业已经成为生产的主要形式，英国已经成为整个世界工业最发达的国家。与此相应，资本主义生产关系在英国已达到最发达的程度。这是英国得以最先产生古典政治经济学的经济基础。

亚当·斯密生平简介

亚当·斯密（1723—1790）是经济学的主要创立者。1723年亚当·斯密出生在苏格兰法夫郡的寇克卡迪。亚当·斯密的父亲也叫亚当·斯密，是律师，也是苏格兰的军法官和寇克卡迪的海关监督，在亚当·斯密出生前几个月去世；母亲玛格丽特是法夫郡斯特拉森德利大地主约翰·道格拉斯的女儿，亚当·斯密一生与母亲相依为命，终身未娶。

1723—1740年间，亚当·斯密在家乡苏格兰求学，在格拉斯哥大学时期，亚当·斯密完成拉丁语、希腊语、数学和伦理学等课程；1740—1746年间，赴牛津学院求学，但在牛津并未获得良好的教育，唯一收获是大量阅读许多格拉斯哥大学缺乏的书籍。1750年后，亚当·斯密在格拉斯哥大学不仅担任过逻辑学和道德哲学教授，还兼负责学校行政事务，一直到1764年离开为止；这时期，亚当·斯密于1759年出版的《道德情操论》获得学术界极高评价。而后于1768年开始着手著述《国民财富的性质和原因的研究》，简称《国富论》。1773年，《国富论》已基本完成，但亚当·斯密多花三年时间润色此书，1776年3月此书出版后引起大众广泛的讨论，影响所及除了英国本地，连欧洲大陆和美洲也为之疯狂，因此世人尊称亚当·斯密为"现代经济学之父"和"自由企业的守护神"。

1778—1790年间亚当·斯密与母亲和阿姨在爱丁堡定居，1787年被选为格拉斯哥大学荣誉校长，并被任命为苏格兰的海关和盐税专员。1784年斯密出席格拉斯哥大学校长任命仪式，因亚当·斯密之母于1784年5月去世所以迟未上任；直到1787年才担任校长职位至1789年。亚当·斯密在去世前将自己的手稿全数销毁，于1790年7月17日与世长辞，享年67岁。

亚当·斯密并不是经济学说的最早开拓者，他最著名的思想中有许多也并非新颖独特，但是他首次提出了全面系统的经济学说，为该领域的发展打下了良好的基础。因此完全可以说

《国富论》是现代政治经济学研究的起点。

大卫·李嘉图生平简介

大卫·李嘉图（1772—1823）是200年多前与托马斯·罗伯特·马尔萨斯齐名的英国最为活跃的经济学家之一，对经济学作出了系统的贡献，被认为是最有影响力的古典经济学家，也是英国资产阶级古典政治经济学的完成者。他也是成功的商人，金融和投机专家，并且积累了大量财产。

大卫·李嘉图1772年出生于英国伦敦一个为当时主流社会所不齿的资产阶级犹太移民家庭，在十七个孩子中排行第三。童年所受教育不多，只受了两年商业教育，14岁时，随父亲从事证券交易活动，16岁时便成了英国金融界的知名人物。1793年21岁的大卫·李嘉图独立开展证券交易活动，很快便获得成功。他拒绝了家庭的正统犹太教信仰，与贵格会信徒普丽拉·安妮·威尔·金森私奔，并于1793年12月20日结婚，导致他与近亲疏远。他的母亲很可能从此再没有与他交谈过。25岁时他已拥有200万英镑财产，购置了一份地产。这时的李嘉图深感早年教育不足，因此在经济生活有了保障以后开始自学。

1799年的一次乡村度假中，他偶然阅读了亚当·斯密的《国民财富的性质和原因的研究》，这是他第一次接触经济学，从此，对政治经济学发生兴趣并开始研究经济问题。当时英国突出的经济问题是"黄金价格"和"谷物法"，他热心地参与这两个问题的辩论。早年的他凭借天才的判断分析能力，游刃有余地博弈于伦敦股市之中，40岁出头时已财富惊人。1814年，42岁时便退休了。从此，皈依贵格派基督教的李嘉图，告别了商海，致力于经济学的研究，并活跃于英国议会，一跃成为当时英国思想、政治界的焦点人物。1817年他发表了代表作《政治经济学及赋税原理》，他也因此成为当时英国最著名的经济学家。不过，这位受到很少正规教育的大学者的著作尽管处处闪现着天才的光芒，但是逻辑混乱。李嘉图于1823年9月11日去世，年仅51岁。

马克思生平简介和《资本论》的诞生

英国伦敦海格特公墓里，有一块让全世界瞩目的墓地，在这块墓地中静卧着的就是全世界无产阶级的革命导师、科学社会主义的创始人卡尔·马克思。他的思想和行动震撼了世界，也影响了世界。

马克思于1818年5月5日出生在德国莱茵省特利尔城的一个犹太人家庭。他的父亲亨希利·马克思是当地一位小有名气的律师，学识渊博，爱好古典文学和哲学，而他的母亲则是一位地地道道的家庭主妇，整日忙于家务。卡尔·马克思是家中的第三个孩子，他有一个姐姐和一个哥哥，但他的哥哥在小卡尔出生不久就夭折了，因此卡尔成了家中的长子，倍受父母的宠爱。

马克思的童年和少年时代都是在特利尔度过的，他纵情地和兄弟姐妹们在花园里奔跑，或者在附近的马尔库斯山丘中玩耍。他经常搞恶作剧捉弄姐妹们，但又懂得向她们讲述美妙动人的故事，来博得她们的好感。马克思少年时代的伙伴有些人喜欢他，有些人怕他。喜欢他，是因为他乐于和他们闹着玩；怕他，是因为他能写辛辣的讽刺诗并善于嘲弄他的对手。

特利尔城以种植葡萄而闻名，这里酿造的葡萄酒闻名遐迩，誉满欧洲。但是，少年时代的马克思看到的不是田园诗般的秀美风光，而是一片触目惊心的悲惨景象。世代贫穷的农民被无穷无尽的苛捐杂税压得喘不过气来，官吏和牧师们却乘机巧取豪夺，债主和富商也进行敲诈勒索，农民为此劳累终年。这种不平等现象给马克思留下了深刻的印象，并使他逐渐树立起为全人类幸福而奋斗的宏伟志向。

与燕妮的爱情

1835年10月，马克思中学毕业后离开家乡，前往波恩大学，在那里他遵从父亲的愿望攻读法律。在波恩大学，马克思除了学习法律以外，还选修了希腊罗马神话和艺术史等课程，并逐渐培养起自学的习惯。尽管马克思在波恩大学只待了一年，但这一年的生活是浪漫而又丰富多彩的，甚至有些放荡。据说，他在1836年6月曾因夜间醉酒喧闹而被学校关了一天禁闭。但是，当同学们去探望他的时候，大家竟然又在禁闭室里畅饮起来。

马克思的父亲对这种发展趋势深感忧虑，因此在第一个学年结束之前就告诉波恩大学当局说卡尔将转学柏林。在即将赴柏林之前，马克思向自己热恋的燕妮·冯·威斯特华伦求婚，燕妮于是和18岁的马克思约定了终身。

燕妮·冯·威斯特华伦是特利尔城的贵族路德维希·冯·威斯特华伦的女儿。燕妮和马克思从小就认识，两人青梅竹马，由于友谊和相互倾慕而逐渐产生了真挚的爱情。但是，按照当地的习俗他们是不可能结婚的。当时贵族出身、青春年少的燕妮，被公认为是特利尔城最美丽的姑娘，是"舞会上的皇后"，许多青年人为之倾倒，求婚者不乏其人，她完全可以嫁给一位高贵富有的贵族。当燕妮和马克思约定终身的时候，和她属于同一阶层的少女们都惊奇地瞪着眼睛问："真的跟卡尔吗？"在她们的眼中，卡尔是一个普通律师的儿子，一个生活没有保障、前途未卜的大学生。姑娘们议论着："要是我，早离他远远的了，他没有官衔，也没有财富。"

燕妮是一个有独立思想的不平凡的姑娘，她不顾社会的陋习和家庭的反对，坚定地选择了马克思，她相信自己的选择，也从来没有为自己的选择而后悔。在经过7年的等待之后，他们终于在1843年结婚。此后，燕妮就以全部的身心投入丈夫所从事的事业中去，与马克思同风雨、共患难，经历了种种艰辛和困苦而毫无怨言。后来他们最小的女儿爱琳娜曾深情地写道："如果我说没有燕妮·冯·威斯特华伦，卡尔·马克思就不能成为卡尔·马克思，这一点儿都不过分。二人情投意合，互相帮助。"

马克思一生对燕妮都充满了炽热的爱情。他常年在外奔波、流亡，有时候不能守在燕妮身边，但是再忙也不忘用他那生花妙笔向燕妮表达他的爱情。在其中的一封情书中，马克思热烈地写道："你好像真的在我面前，我衷心珍爱你，从头到脚地吻你，跪在你的面前，叹息着说：'我爱你，夫人！'……"

《资本论》的诞生

马克思除了参加日常的革命斗争，几乎把毕生的精力都献给了《资本论》这一宏伟巨著。为了写作《资本论》，他从19世纪40年代起至80年代逝世，用了近40年的时间，深入研究政治经济学。

马克思定居伦敦以后，在英国这个最典型的资本主义国家进行了长期的大量的研究工作。他在当时大英博物馆这个考察资本主义社会最方便的地方，经常从早上9点到晚上7点，一坐就是一整天。由于他读书、研究资料时，精神高度集中，以至于常常情不自禁地在座位上用脚来回擦地，长年累月，竟把水泥地磨去了一层。在家里，他除了饭后或傍晚稍事休息或散步，其他时间都在书房工作。工作时，他有时站起来在屋子里走来走去，以便休息一下，使脑子更好用些。地毯上在门窗之间有一条被踏出来的痕迹，这是马克思来回踱步的证明。有时候，为了完成某一问题的研究或写作，他常常废寝忘食，正像他后来风趣地说的那样："我们在为争取8小时工作制而斗争，可是我们自己的工作时间却往往两倍于此。"

不仅如此，马克思还经常遭受着饥饿和贫穷的折磨。他常常不得不奔走于那些债权人之间，向他们借钱，商定延期或分期还债的办法，有一段时间他甚至完全靠典当东西维持生计，典当铺的老板看到有些物品上刻有威斯特华伦家族的名字，差点把他当作小偷给抓起来。有时候为了躲避债权人逼债，他让孩子们去抵挡债权人。在那段艰难的日子里，他的一个儿子和一个女儿先后夭折了。马克思曾给恩格斯写信说："假如我有足够的钱……来养家，而我的书又已写成，那么今天还是明天我被投到剥皮场上，换句话说，就是我被宰了，我都无所谓。但是照目前的情况，我还不能这样。"在另一封信里他又说："遗憾的是，我经常受到物质匮乏的干扰，我为此消耗了很多时间。例如，今天肉铺老板已不再供应肉了，甚至我储存的纸张到星期六也要用完了。"马克思的母亲看到马克思窘迫的样子，也曾唠叨着说："卡尔要是有一大笔资本，而不是写一本什么关于资本的书该多好啊！"

马克思为了写作《资本论》花费了大量心血。据统计，马克思在研究和写作《资本论》的过程中，共阅读、研究和利用了1500多种书籍和文献。他不仅阅读了威廉·配第、约翰·斯图亚特、穆勒、亚当·斯密、大卫·李嘉图等人的大量经济学的著作，而且还阅读了不计其数的官方文件和各种期刊。从1850年9月到1853年8月仅3年的时间，他就足足写了厚厚的24本笔记，并作了约14厚本的详细的摘录。为了深刻理解资本主义的生产过程，他还阅读了大量的自然科学和技术史方面的著作。有人在写给恩格斯的信中曾对马克思的生活作过这样的描述："马克思过着极其孤独寂寞的生活，他仅有的朋友就是约翰·斯图亚特、穆勒和劳埃德。谁要是到他那里去，他不是用客套话来应酬，而是跟你谈有关经济的问题。"

在撰写《资本论》的过程中，马克思更是本着严谨治学的态度，付出了极艰辛的努力。他总是力求使自己的著作完美，为此数易其稿。他曾对自己的女婿、法国工人党创始人之一的拉法格说："我宁愿把自己的手稿烧掉，也不愿半生不熟地遗留身后。"1862年年中，马克思已写了厚厚的几大本，原打算把这作为1859年发表的《政治经济学批判》的续篇。1863年初，当他着手撰写的时候，才决定把这些浩如烟海的材料重新组织，将全书分成4个部分，资本主义的生活过程、资本主义的流通过程、资本主义生活的总过程和理论史。这时他才将全书的标题定为"资本论"，副标题是"政治经济学批判"。从1863年到1865年底，他已写出了《资本论》的第二稿。正是进行了如此多的准备工作，他才在恩格斯的建议下，于1866年初开始撰写《资本论》的第一卷。

1867年9月，经过他仔细加工和润色的《资本论》第一卷终于出版了，全家人都分享着他为这部著作完成而感到的快乐。马克思想亲自把手稿带到汉堡去交给出版者迈斯纳，但是他的衣服和表都在当铺里，又是恩格斯帮了忙，送来了钱，使马克思能够赎回旅行所需衣物并支付路费。此后，他继续修改《资本论》的第二卷和第三卷，但在生前未能完成，他逝世后才由恩格斯及马克思的女儿爱琳娜整理出版。《资本论》及其手稿在50卷的《马克思恩格斯全集》中占去了将近1/4的篇幅，这还不算他为此做的笔记、札记。

与疾病抗争的晚年

穷困、疾病和长期的斗争生活严重地影响了马克思的身体健康。马克思的烟瘾很大，可是由于几十年来的他的收入只够买质量最低劣的烟草，而且他身体本来就不好，所以这样抽烟的结果是健康状况更加恶化。他曾对拉法格说："《资本论》的稿费甚至还不够支付我写这本书时所吸的雪茄烟的钱。"在医生的严厉警告下，晚年马克思终于把烟戒掉了，恰好过了一段时间他的朋友去看他，他自豪地跟朋友说他已经有很长时间没有抽烟了。

马克思晚年一直同疾病作斗争，只要健康有一点点好转，他就坐在那里紧张地工作，一心想完成《资本论》第二卷。但是，有时候他头痛得几乎不能忍受，咳个不停，还有神经炎和一阵阵的头晕，这些使他无法继续工作。恩格斯后来发现，他在那个时期写的手稿相当多地留下了他同疾病进行顽强斗争的痕迹。

可是更让马克思痛苦的是他的夫人燕妮的病。她已经病了很久，一直没有确诊，可能是肝癌。燕妮以惊人的毅力忍受着极度的疼痛。为了能让她高兴些，马克思于1881年七八月间，陪着她到法国去看大女儿和几个外孙。回到伦敦以后，燕妮已经精疲力尽。1881年秋天，由于焦急和失眠，体力消耗过度，马克思也病了。他患的是肺炎，有生命危险，但在他的女儿爱琳娜和琳衡·德穆特的悉心照料下，终于得以痊愈。

1881年12月2日，马克思的夫人燕妮长眠不醒。这是马克思从未经受过的最大打击，他甚至没有能够参加葬礼，因为医生认为他身体太虚弱，不许他参加在海格特公墓举行的葬礼。马克思无法抑制丧偶的悲痛，在燕妮去世的那天恩格斯就说"卡尔也死了"。但是，为了工作他不得不重新振作起来，然而疾病时刻折磨着他，严重影响了他的工作能力。

为了治疗疾病，1882年马克思曾外出疗养，回到英国后他的体力有所恢复。可是，1883年1月11日，又一个可怕的打击来了：他的大女儿突然去世了。第二天，马克思回到了伦敦，支气管炎发作，接着并发了喉头炎。于是马克思又卧床不起了，只能吃流质食物。2月份，马克思的肺部出现了肺肿现象。

到了1883年3月份，在琳衡等人的悉心照料下，马克思最严重的症状几乎已经消失了，然而这是一种假象。3月14日，恩格斯来看望马克思，当他走进马克思书房的时候，"他躺在那里睡着了，但已经长眠不醒了，脉搏和呼吸都已经停止。在两分钟之内，他就安详地、毫无痛苦地与世长辞了"。

马克思的一生是光辉的一生，他完成了历史观上的一大变革，创立了历史唯物主义，发现了剩余价值的秘密。这使他成为人类历史上最伟大的思想家和理论家之一。

第二章　剩余价值的生产

在马克思之前，资产阶级经济学家已经开始想到了剩余价值的问题，"资本主义制度下的人类生产剩余价值已经有几百年了，他们渐渐想到剩余价值起源的问题"[①]。但是由于阶级和历史的束缚，他们的研究都存在一定的局限。马克思批判地继承了前人的研究成果，克服了前人的局限，在经济思想史和社会主义思想史上第一次科学地制定了剩余价值理论。

第一节　初识剩余价值

关于剩余价值的探讨和论述在马克思之前的经济学家们也涉及过，那么马克思关于剩余价值理论的研究有什么不同呢？

[①] 《马克思恩格斯全集》第24卷，北京：人民出版社，1972年版，第13页。

又有些什么新的东西呢？为什么马克思的剩余价值理论好像晴天霹雳一样，给那些以文明国家来自我标榜的资本主义国家带来如此大的震动呢？带着这些问题，我们来探索马克思剩余价值理论的真谛和精髓。

一、剩余价值的概念

马克思对剩余价值所下的基本的定义是：由雇佣工人所创造的，并被资本家无偿占有的，超过劳动力价值的那部分价值。由于商品的价值的内涵可以从两个方面进行考察，因此，剩余价值的基本内涵也可以从两个方面进行考察。

第一，由于商品的价值是人类的抽象劳动的凝结，剩余价值是被资本家占有的扣除工人工资的商品价值，因而在这里剩余价值直接表现了资本家对于工人的经济上的剥削。

第二，由于商品的价值是以物的形式表现出的劳动的社会性，劳动的社会性关系是人与人之间的基础性的社会关系，因此资本家对剩余价值的占有也就是资本家对工人的社会性的劳动占有，也就是资本家对劳动者的社会关系的占有。

二、剩余价值的来源

资本主义的生产过程是劳动过程和价值增殖过程的统一，劳动过程是商品生产过程，价值增殖过程即剩余价值生产过程。所以我们分析剩余价值的来源，就要从资本主义的劳动过程和价值增殖过程来考察。

生产过程即商品的价值形成过程，而"价值增殖过程不外是超过一定点而延长了的价值形成过程"，因此，要分析价值增殖过程，必须从分析价值形成过程开始。

以棉纱的生产过程为例。假定某纱厂的资本家雇用纺纱工人，每天向工人支付工资10元，等于纺纱工人6小时劳动所创造的价值量。在这6小时的劳动时间内，工人生产了10公斤棉纱，消耗了10公斤棉花，棉花价值10元，还消耗了纱锭等劳动资料价值5元。在这个生产过程中，资本家垫付的预付资本包括用来购买棉花、纱锭等生产资料的资本15元，用来购买劳动力的资本10元。

资本家的预付资本=不变资本（c）+可变资本（v）

=（10+5）+10

=25元

下面，我们分析这10公斤棉纱的价值形成过程。

我们知道，生产商品的劳动都具有二重性，因而纺纱工人的劳动也具有二重性。在生产过程中，纺纱工人的具体劳动具有双重作用：一是消耗掉生产资料和劳动力，生产出某种新的使用价值即棉纱；二是把消耗掉的生产资料的价值直接转移到新产品中去，即把10公斤棉花的价值10元和纱锭等劳动资料的价值5元转移到棉纱中去，构成10公斤棉纱价值的一部分。此外，作为抽象劳动，纺纱工人还可以创造新价值，构成新产品价值的另一部分。纺纱工人6小时劳动形成新价值等于工人获得的工资为10元。这样10公斤棉纱的总价值就是转移的生产资料的价值15元加上新价值10元，合计25元。

商品价值=转移的生产资料价值+劳动力创造的新价值

=15+10

=25元

然而，资本家为生产所垫支的资本也是25元。也就是说，资本家投入25元的预付资本，生产出新产品后的价值仍然是25元，没有发生价值增殖。因此，这个过程仅仅是一般商品生产的价值形成过程，并非资本主义生产特有的价值增殖过程，这个生产过程并没有产生剩余价值。

然而，资本家对这样的结果一定不会满意。资本主义生产的目的就是获得剩余价值，所以他一定要使这个生产过程转变为价值增殖过程，这样资本家才能够实现赚取剩余价值的目的。实现这个转变的关键，就在于劳动时间的长短。

事实上，在资本主义条件下，工人的劳动时间实际分为两部分，即必要劳动时间和剩余劳动时间。与此相适应，工人的劳动也分为必要劳动和剩余劳动。必要劳动时间就是工人用于再生产劳动力价值的时间。如上例中，工人用6个小时的劳动时间生产的价值刚好等于劳动力的价值即工人的工资，那么这6个小时就是必要劳动时间。剩余劳动时间就是生产剩余价值的时间。也就是说如果上例中的纺纱工人在完成6个小时的必要劳动时间之后继续劳动，那么超出这6小时的劳动时间就是为资本家创造剩余价值的剩余劳动时间。

我们依然根据上述例子来分析价值增殖过程。资本家为了获得剩余价值，实现预付资本的增殖，必然会延长工人的劳动时间。我们假定纺纱工人的劳动时间由6小时延长到12小时，但是给工人支付的工资不变仍然是10元每天。在劳动生产率不变的条件下，12小时劳动可以生产20公斤棉纱，消耗棉花20公斤，价值20元，消耗纱锭等劳动资料价值10元。另外，12小时劳动还可创造新价值20元。这样，20公斤棉纱的总价值是50元。

我们来做一个对比的计算：

资本家的预付资本=不变资本（c）+可变资本（v）

$$=（20+10）+10$$

$$=40元$$

商品价值=转移的生产资料价值+劳动力创造的新价值

$$=30+20$$

$$=50元$$

通过以上的计算我们可以发现，资本家为生产20公斤棉纱所垫支的预付资本为40元，生产出的棉纱价值为50元，比资本家的预付资本多出10元，这意味着预付资本发生了增殖。因此，我们所分析的这个过程是一个价值增殖过程，而这个10元增加额，就是剩余价值。所以，我们也可以将生产出的新产品的价值表示为：

商品价值=不变资本（c）+可变资本（v）+剩余价值（m）

$$=30+10+10$$

$$=50元$$

所以，剩余价值就是由雇佣工人创造的被资本家无偿占有的、超过劳动力价值的那部分价值。

综上所述，在资本主义生产中，当资本家购买了生产资料和劳动力之后，就进入了生产过程。在生产过程中，工人的具体劳动使已消耗的生产资料的价值保存下来，并转移到新产品中去，这部分价值在量上没有发生任何变化。至于购买劳动力所支付的那部分资本价值，是不能转移到新产品中去的，因为它已由工人用来购买生活资料供自己及家属消费掉了。但是工人在生产过程中也消耗了自己的体力和脑力，这部分抽象劳动又为资本家再生产出相当于劳动力价值的价值。如果工人的劳动时间正好等于再生产劳动力价值的时间，那就是一个价值形成过程，没有剩余价值的产生。但是资本家得不到剩余价值是绝不会善罢甘休的，资本主义生产的唯一目的就是要榨取剩余价值。为了得到剩余价值，资本家会把工人的工作日延长到补偿劳动力价值所需要的劳动时间之上，使工人在生产过程中新创造的价值超过劳动力的价值。超过的那部分价值就是剩余价值。价值增殖过程只不过是超过一定点而延长了的价值形成过程。这个一定点，就是工人用于再生产自己劳动力价值的时间。可见，剩余价值的源泉就是雇佣工人的剩余劳动。因而生产剩余价值才是资本主义生产的实质，无偿占有剩余价值则是资本家发财致富的秘诀。

三、剩余价值的本质

剩余价值的本质就是雇佣工人创造的新价值中超过劳动力价值而被资本家无偿占有的那部分价值，它是雇佣工人剩余劳动的凝结，体现了资本家和雇佣工人之间剥削和被剥削的关系。那么这种剥削是如何体现的？我们又通过怎样的方式来判断这种剥削的严重程度呢？

通过对剩余价值来源的分析我们发现，资本家使用资本对工人进行剥削时，必须把资本分为两部分：一部分购买生产资料，一部分购买劳动力。由于这两部分资本在价值增殖过程中所起的作用不同，马克思把它们分为不变资本和可变资本，分别用c和v表示。

用于购买生产资料的那部分资本，是生产剩余价值不可缺少的物质条件，但是，它的价值是借助于工人的具体劳动转移到新产品中去的，价值量没有发生变化。因此，马克思就把这种以厂房、机器、原材料等生产资料形式存在的资本，叫作不变资本。

用于购买劳动力的那部分资本，其价值不是被转移的，而是由劳动力的使用再生产出来的，劳动力的使用不仅会再生产出劳动力自身的价值，而且还会生产出一个增加额，即剩余价值，因而这部分资本使价值量发生了变化。所以，马克思就把这种以劳动力形式存在的资本，叫作可变资本。

马克思把资本区分为不变资本和可变资本，进一步揭示了剩余价值的来源和资本主义剥削的实质，说明剩余价值不是由全部预付资本产生的，而是由可变资本产生的，只有工人的剩余劳动才是剩余价值的唯一源泉，资本主义制度是榨取工人剩余劳动的剥削制度。同时，不变资本和可变资本的区分为我们考察资本家对工人的剥削程度提供了科学依据。恩格斯曾高度评价了这一区分："这个区别提供了一把解决经济学上最复杂的问题的钥匙。"

剩余价值率是反映资本家对工人剥削程度的概念。由于剩余价值是由可变资本产生的，因此，要准确地揭示资本家对工人的剥削程度，必须把不变资本抽去，只考察可变资本和剩余价值之间的关系。马克思把剩余价值与可变资本的比率，叫作剩余价值率。我们用m'表示剩余价值率，用m表示剩余价值，用v表示可变资本，那么剩余价值率的公式可表示为：

$$m' = m/v$$

由于雇佣工人的工作日分为必要劳动时间和剩余劳动时间两部分，剩余价值率也可以用另一种形式表示：

$$m' = 剩余劳动时间/必要劳动时间$$

上面这两个剩余价值率的公式虽然表现的形式不同，但是反映的实质是一致的。前者是以物化劳动的形式表明资本主义的剥削程度，即在工人创造的新价值中，工人和资本家各占多少份额。而后者是以活劳动的形式标明资本主义的剥削程度，即在工人的一个工作日的全部劳动时间中，有多长时间用来补偿劳动力价值，有多长时间用来无偿给资本家生产剩余价值。

所以说，剩余价值的本质就是体现了资本家与工人之间剥削与被剥削的关系，而剩余价值率反映了资本家对工人的剥削程度。

第二节　剩余价值的生产条件

一、货币转化为资本

资本家都有一个基本的特点，那就是他们都拥有一定的资本。随着商品交换的发展，货币成为资本的最初表现形式，所以资本家都拥有大量的货币。但是仅仅拥有货币是不能生产出剩余价值的，只有当货币转化为资本之后才能够成为生产剩余价值的一个必要条件。

那么，货币什么时候不仅仅是货币而成为资本呢？我们通过放在那的静态的货币是无法判断它是不是资本的，而是要通过货币的动态运动来进行判断。

在这里，我们首先来看这样一个货币流通过程。用W来表示商品，用G来表示货币，那么W—G—W这个运动过程就是指把自己生产的商品卖出去之后换来货币，再用货币去购买自己需要的商品。在这个过程中，货币只是货币，只是一种交换的媒介，卖出的商品和买入的商品是等价的。

当货币成为资本之后，它的流通过程就发生了变化。同样是用W来表示商品，用G来表示货币，资本的运动过程是 G—W—G′，其中G′=G+△G，这里的△G就是资本的价值增殖。在这个运动过程中，资本家先用自己拥有的货币购买商品，然后通过加工或流通之后以更高的价格卖出，以获得更多的货币。

在这里我们要强调一个问题，虽然从G—G′实现了价值增殖，但是这种价值增殖并不是在流通过程中产生的。虽然有的资本家通过低价买入、高价卖出的方式获得了更多的货币，但是这只是重新进行了财富的分配，并不能使社会财富的总量增加。例如产业资本家通过雇佣工人生产出商品后如果直接到市场去销售，那么他可以获得全部的剩余价值；但是如果他不直接向市场销售，而是将商品交给销售商进行销售，那么就需要以低于市场价的价格卖给销售商，产业资本家获得的剩余价值就要分给销售商一部分。这样，销售商从事的就是低价买入，高价卖出的买卖活动，销售商获得的那部分价值增殖其实就是产业资本家少获得的那部分剩余价值。所以说，流通过程并不能产生价值增殖。

但是，剩余价值的生产也不能离开流通领域。一方面，货币如果不投入资本流通领域，货币就只能是货币，而不能成为资本，不能产生剩余价值。另一方面，货币进入流通领域后，如果只经历了G—W的过程，生产出新的商品以后而没有经历W—G′的过程，工人劳动创造的新的价值增殖就不能实现，资本家也就不能获得剩余价值。

什么是资本？资本常以物的形式表现出来，如厂房、机器设备、原材料、燃料和辅助材料等，而这些生产资料一定是资本吗？马克思在《资本论》第25章《现代殖民地理论》中，为了说明这个道理，转述了一个叫韦克菲尔德的英国经济学家描述的一个脍炙人口的故事，也就是不幸的皮尔的故事。

皮尔是一个非常有远见的英国资本家。他经过认真细致的考察，发现新荷兰（澳大利亚）的斯旺河物产富饶，所以他预测到那里投资，一定会为他带来丰厚的利润。于是他把价值5万镑的生活资料和生产资料从英国带到斯旺河去，并同时带去了3000名男工、女工和童工，企图在那里赚取剩余价值。可是，英国工人一到物产富饶、极易谋生的澳大利亚，就纷纷离开，结果皮尔先生竟连一个替他铺床或到河边打水的仆人也没有了。看来，即使拥有货币、生活资料、机器以及其他生产资料，但没有资本主义的生产关系，就丢失了雇佣工人这个补充物，货币、机器以及其他生产资料也就仅仅是一般的生产资料而已，它们不能成为资本。

马克思于是幽默而讽刺地说，"不幸的皮尔先生，他什么都预见到了，就是忘了把英国的生产关系输出到斯旺河去！"

这个案例告诉我们，资本不是物，资本是一个历史范畴，是在一定历史阶段上产生的、在物的外壳掩盖下的资本主义生产关系，是带来剩余价值的价值。所以我们说，货币转化为资本是剩余价值生产的一个必要条件。所以说，一方面，我们不能简单地把生产资料和劳动力等同于资本；另一方面，也说明了只有工人的劳动才能创造价值和剩余价值，让我们明白剩余价值的来源。离开了工人的劳动力的商品，是不可能创造出剩余价值的。

二、劳动力成为商品

　　除了货币成为资本之外，生产剩余价值的另外一个条件就是劳动力成为商品。劳动力是指人的劳动能力，是人的体力和脑力的总和。马克思把劳动力描述为："活的人体中存在的，每当人生产某种使用价值时就运用的体力和智力的总和。"对劳动力的使用就是劳动。

　　为什么说劳动力成为商品是生产剩余价值的另外一个前提条件呢？随着封建社会的消亡，自给自足的自然经济形态也随之消亡。资产阶级通过资产阶级革命掌握政权之后，通过圈地运动、贩卖黑人奴隶、开辟新大陆等方式积累了大量的财富，他们迫切需要将这些财富货币转化成资本，通过资本主义生产来获得更多的剩余价值。在探讨剩余价值的来源时我们已经明确地知道了，剩余价值是雇佣工人的剩余劳动创造的。所以，资本家要获得大量的剩余价值就需要大量的雇佣工人。雇佣工人的过程就是资本家用资本支付工人工资，工人出卖自己的劳动力为资本家劳动的过程。在这里，劳动力就作为一种特殊的商品被用来与货币交换了。资本家已经购买了原材料、机器设备、厂房等生产资料，现在加入工人的劳动之后就可以进行资本主义生产了。通过工人的劳动生产出来的产品实现了价值增殖，可以比资本家之前支付的成本卖出更多的价钱。这样，资本家的货币就实现了G—W—G′的价值增殖，货币就转化为资本。所以我们说，劳动力成为商品是货币转化为资本的关键，也是剩余价值生产的前提条件。

在这里要强调的是，劳动力成为商品也需要具备两个必要的条件：第一个条件是劳动者必须有人身自由，有权支配自己的劳动力。如果没有人身自由，劳动者就不能对自己劳动力的使用做主，为谁劳动、如何劳动都不是由自己决定的，这样劳动者也就不能把自己的劳动力当商品来出售。例如在奴隶社会的农奴，他们是附属于奴隶主的，就像是奴隶主家里的一件家具、一把锄头一样，完全没有人身自由，任何事情都必须由奴隶主来决定。奴隶主让他们干什么他们就得干什么，奴隶主让他们给谁干活他们就得给谁干活，是没有报酬可言的。在这种条件下农奴是没有权利买卖自己的劳动力的，劳动力也就不能成为商品。第二个条件是劳动力所有者丧失一切生产资料，除了自己的劳动力以外，没有其他生活资料来源。也就是说，劳动者除了自己的劳动力之外一无所有，为了维持生计只能出卖自己的劳动力。像封建社会的农民，他们虽然也是受剥削受压迫的阶级，但是他们除了自身的劳动力之外还有属于自己的生产资料——土地，这样农民就可以在自己的土地上进行生产劳动，他们不需要出卖自己的劳动力来维持生计，他们出卖的是生产出的小麦、水稻、蔬菜等劳动产品。只有同时满足以上这两个前提条件的时候，劳动力才能成为商品。但是，这两个条件并不是任何社会都具备的，所以劳动力不是在任何社会都能成为商品的。在资本主义生产条件下，出现了大量失去土地的农民和破产的小工厂主，他们成为具有人身自由、丧失生产资料的劳动者。虽然具备了劳动力成为商品的条件，但还是有很大一部分劳动者不愿意向资本家出卖自己的劳动力，选择到处流浪乞讨。资本家为了逼迫这些劳动者去资本家的工厂工作，出台法律禁止他们到处流浪。这样，大量的工人出卖自己的劳动力到资本家的工厂工作，劳动力成为商品，资本家的货币转化为资本，资本主义生产得以持续进行，为资本家生产出源源不断的剩余价值。

劳动力商品同其他商品一样，也具有使用价值和价值两个因素。

　　劳动力商品的价值是由生产这种商品的社会必要劳动时间决定的。由于劳动力存在于活的人体之中,它的生产和再生产是以维持劳动者的生存为前提的——劳动者要生存就必须消费一定数量的生活资料。因此,生产和再生产劳动力所必需的社会必要劳动时间,可以还原为生产这些生活资料所必需的社会必要劳动时间。这样,劳动力商品的价值就包括三个组成部分:一是维持劳动者自身生存所必需的生活资料的价值,二是劳动者养活家属子女所必需的生活资料的价值,三是劳动者接受必要的教育和训练所需要的费用。总之,劳动力价值是由生产、维持和延续劳动力所必需的生活资料的价值来决定的。由于劳动力对生活资料的需要是在一定的社会历史条件下形成的,因此,其构成和范围不仅取决于劳动者的生理需要,而且取决于一个国家的自然条件和经济文化的发展水平,取决于该国的风俗习惯和社会道德等。所以,在劳动力的价值决定上,还包含着历史和道德的因素,这是劳动力商品不同于其他商品的一个重要特点。劳动者所需的必要的生活资料,其种类和数量会随着社会的发展而不断变化。在资本主义社会初期,工人所需的必要的生活资料可能只要满足吃和穿就可以，但是随着社会的发展出现了大量琳琅满目的商品，人们的生活方式也随着这些商品的出现发生了改变，所以工人所需的必要的生活资料也会增加。例如，在手机和电脑出现以前，人们的通讯主要依靠信件邮寄这种费用很低的方式，但是当手机、电脑这些便捷的通信工具出现之后，通过打电话、发邮件等方式来进行信息沟通已经成为日常的交流方式，手机、电脑也就成了工人所需的必要的生活资料。目前，手机、电脑、电视机、电冰箱、汽车、住房等都已经成为人们生活中必不可少的东西，所以劳动力的价值也在不断地丰富。

劳动力商品的最主要特点，表现在它的使用价值上。一般商品在被使用或消费时，随着使用价值的消失，它的价值也随之消失或转移到新产品中去，不会创造出新价值。例如，我们买一个苹果，把它吃掉，那么这个苹果就没有了，消失了。再比如我们买一斤面粉做成了蛋糕，那么面粉的价值就转移到新产品蛋糕里去了。而劳动力商品则不同，对劳动力商品的使用或消费就是劳动，它不仅能创造新价值，而且能够创造出比劳动力自身价值更大的价值。超出的那一部分价值就是剩余价值。在资本总公式中从G—G′的价值增殖就是由劳动力商品的使用而实现的。资本家组织生产的目的就是为了获得剩余价值。

劳动力商品的特殊性对剩余价值的生产具有决定性意义。对劳动力成为商品以及劳动力商品特殊性的考察，是马克思重要的理论发现。这一发现可以对亚当·斯密困惑的资本和劳动交换中的矛盾进行合理的解释。亚当·斯密的困惑在于，资本家用资本购买工人的劳动，结果工人获得了较少的工资，而资本家获得了较多的劳动产品，这不符合价值规律。事实上，劳动力商品的特殊性在于它不仅能够创造出相当于劳动力价值的价值，即工人的工资，而且能够创造出超过劳动力价值的价值增殖，即剩余价值。资本家获得的超出工人工资的部分，是对劳动力这一商品使用后创造的剩余价值。这部分价值增殖本来是由工人创造的，却被资本家无偿占有了，这样我们就可以发现资本家是如何对工人进行剥削的。

第三节　剩余价值的生产方法

资本家在市场上购买到生产资料和劳动力以后，就展开了以获得剩余价值为目的的资本主义生产过程。资本家获得剩余价值的基本方法有两种：一是绝对剩余价值的生产，二是相对剩余价值的生产。

一、绝对剩余价值的生产

绝对剩余价值的生产是指在必要劳动时间不变的情况下，通过延长工作日的长度来获得更多的剩余价值的方法。在资本主义初期，生产技术水平低，绝对剩余价值生产是增加剩余价值的主要方法。

在资本主义制度下，工人的工作日包括必要劳动时间和剩余劳动时间两部分，工作日是必要劳动时间和剩余劳动时间的总和。必要劳动时间生产的是工人的工资，而剩余劳动时间则生产的是被资本家无偿占有的剩余价值。对于资本家来说，生产的目的就是为了获得更多的剩余价值，所以会想尽一切办法使工人创造更多的剩余价值。最简单直接的办法就是延长工作日长度和提高工人的劳动强度。这种在必要劳动时间不变的条件下，依靠绝对延长工作日而生产的剩余价值，叫作绝对剩余价值。

由于工作日是必要劳动时间和剩余劳动时间的总和，在必要劳动时间不变的情况下，延长工作日的长度就会增加剩余劳动时间，这样就可以增加剩余价值的生产。

例如：皮鞋厂的工人原来工作日的长度是8小时，其中必要劳动时间为4小时，剩余劳动时间为4小时。按照剩余价值率的计算公式：

剩余价值率=剩余劳动时间/必要劳动时间×100%

剩余价值率=4/4×100%=100%

这样，在8小时工作日的时候，剩余价值率是100%。

为了获得更多的剩余价值，皮鞋厂的老板要求工人延长劳动时间，每天工作日长度从8小时增加到10小时。必要劳动时间不变还是4小时，把工作日延长2小时，剩余劳动就增加2小时，变为6小时。

剩余价值率=6/4×100%=150%。

这样，工人的工作日延长到10小时之后，剩余价值率为150%，比8小时工作日时增加了50%。随着剩余价值率的提高，资本家获得的剩余价值量也随之增加。

此外，提高劳动强度也是资本家用以增加绝对剩余价值生产的常用手段。这种手段是通过增加工人单位时间的劳动量来达到增加剩余劳动和剩余价值量的目的，这属于一种变相地延长工作日的方法，所以通过这样的方式生产的剩余价值也是绝对剩余价值。

在英国著名电影大师卓别林主演的电影《摩登时代》中我们经常可以看到这样的画面，在产品加工的流水线上，工人在不断地重复手中的工作，一刻都不得闲。为了赚取更多的剩余价值，资本家不断地加快生产流水线的速度，这样工人就要不断加快手中的动作才能跟上流水线的运行速度。以电影中卓别林从事的拧螺丝的工作为例，原来每分钟完成30个拧螺丝的工作，在流水线速度提高一倍以后，每分钟就需要完成60个拧螺丝的动作，连擦汗的空隙都没有。在这样的工作强度之下，工人的身体和精神上都受到极大的压迫，造成卓别林饰演的这个工人在从生产线上下来之后仍然不能停止拧螺丝的动作，而且看到类似螺丝的东西都习惯性地想要当螺丝来拧。可见，这种生产剩余价值的方式对工人的身心造成了严重的摧残。在这种高强度的工作压力之下，工人得不到应有的休息，劳动力不能得到恢复，每天拖着疲惫的身体进行劳动。这种长期的疲劳很容易导致工人因为健康问题而丧失劳动能力或部分丧失劳动能力，影响工人对自身劳动力的出卖，进而导致工人及其家属的生活难以为继。

提高劳动强度这种生产绝对剩余价值的手段更为隐蔽，所以也成为资本家普遍采用的一种方式。由于工作日的延长是有最高限度的，不能无限制地延长，所以资本家更多的是采取延长工作日和提高劳动强度相结合的方式，更大限度地剥削工人创造的剩余价值。

在资本主义社会的发展历史上，资本家为了榨取更多的剩余价值，曾经把工作日延长到惊人的程度。在18世纪后期和19世纪上半叶，资本家强迫工人每天劳动12，14，16个小时，有的时候甚至达到18个小时以上。而且由于延长工作日的方法简便易行，不受生产技术条件的制约，因而绝对剩余价值生产是资本主义早期所采用的提高剥削程度的基本方法。

资本家之所以能采用延长工作日的方法来生产更多的剩余价值，主要因为工作日是一个可变量，它可以在一定的限度内变动。具体地说，工作日的最低界限是不能低于或等于必要劳动时间，也就是要生产出用来支付工人工资的劳动产品，否则，资本家将无利可图。工作日的最高界限要受到两方面因素的制约：一是生理的界限。工人在一天24小时内，必须有一部分时间用于吃饭、休息等人体所必需的生理需要，以达到恢复劳动力的目的。二是道德的界限。工人在一天内总要有一定的时间用于学习、照顾子女、家务活动、参加社会活动与文化生活，以满足其精神生活的需要。这种需要的范围和数量取决于一国当时的社会经济、文化的发展水平。

在这两个因素的制约下，工作日的实际长短取决于无产阶级与资产阶级之间的力量对比。资本家认为他购买了工人的劳动力，就有权力充分使用劳动力，为了获得更多的剩余价值，资本家自然会尽可能地延长工人的劳动时间。但是对于工人来说，是反对资本家延长工作日的做法的。工人的劳动力是储存于工人的身体中的，工人要连续地出卖自己的劳动力，就需要得到充分的休息来保证劳动力的恢复和工人的健康。如果资本家延长工人的工作日，就会损害工人的健康，缩短劳动力的使用年限。马克思曾对资本主义发展中由于过度延长劳动时间给工人阶级带来的损害作出这样的抨击："资本主义生产——实质上就是剩余价值的生产，就是剩余劳动的吮吸——通过延长工作日，不仅使人的劳动力由于被夺去了道德上和身体上正常的发展和活动的条件而处于萎缩状态，而且使劳动力本身未老先衰和过早死亡。它靠缩短工人的寿命，在一定期限内延长工人的生产时间。"[①]

在资本主义社会早期，资产阶级作为国家的统治阶级在与无产阶级的力量对比中占绝对上风，所以资本家经常采取延长工作日的方法来剥削压榨工人阶级，工人只能被迫接受这种剥削。随着工人阶级力量的壮大，不断通过罢工等形式掀起反抗资产阶级剥削的斗争运动，迫使资产阶级缩短工作日。目前各资本主义国家实行的8小时工作日制度就是无产阶级斗争的重要成果。

二、相对剩余价值的生产

由于生理界限和道德界限都有很大的伸缩性，所以工作日的长度也有很大的伸缩性。在资本家力图延长工作日的过程中，工人为缩短工作日而斗争。随着资本主义的发展，生产技

[①] 《马克思恩格斯全集》第44卷，北京：人民出版社，2010年版，第307页。

术水平不断提高，相对剩余价值生产日益成为增加剩余价值的主要方法。

相对剩余价值的生产，是指在工作日长度不变的情况下，通过缩短必要劳动时间，相对延长剩余劳动时间而获得更多的剩余价值的方法。

下面，我们通过一个例子来看一下资本家是如何通过缩短必要劳动时间、相对延长剩余劳动时间来生产相对剩余价值的。

例如，皮鞋厂实行8小时工作制，工人的工作日长度是8小时，其中必要劳动时间为4小时，剩余劳动时间为4小时。按照剩余价值率的计算公式：

剩余价值率=剩余劳动时间/必要劳动时间×100%

剩余价值率=4/4×100%=100%

这样，在没有缩短必要劳动时间之前，剩余价值率是100%。

当必要劳动时间缩短之后，在工作日8小时不变的条件下，必要劳动时间由4小时缩短为2小时，剩余劳动时间就由4小时增加到6小时。

剩余价值率=6/2×100%=300%

这样，在8小时工作日不变的条件下，通过缩短必要劳动时间，剩余价值率从100%提高到300%。虽然工作日长度和劳动强度都没有变，但是剥削率却提高了2倍，资本家在不知不觉中加重了对工人的剥削。这种在工作日长度不变的条件下，由于必要劳动时间的缩短而剩余劳动时间相对延长所生产的剩余价值，就是相对剩余价值。

通过上面的例子我们发现，进行相对剩余价值生产的关键，就在于缩短必要劳动时间。那么，如何缩短必要劳动时间呢？我们知道，必要劳动时间是生产劳动力价值的时间，因而要缩短必要劳动时间，就必须降低劳动力价值。而劳动力价值又是由维持劳动者及其家属所必需的生活资料的价值所构成。因此，只有劳动者生活资料的价值下降，才能使劳动力价值下降，进而使必要劳动时间缩短。劳动者生活资料的价值与生产它的劳动生产率成反比。以生产工人的生活资料面包为例，生产面包的技术水平越先进，生产面包的劳动生产率就越高，原来1小时可以生产50个面包，现在1小时可以生产100个面包，这就意味着生产每一个面包需要花费的时间越来越少。生产一件商品所花费的劳动时间决定商品的价值，花费的劳动时间越多，商品的价值越大，现在生产一个面包花费的劳动时间越少，那么一个面包里包含的价值量就会降低。因此，要降低生活资料的价值，就必须提高生活资料生产部门的劳动生产率。同时，在生活资料的价值中包括生产资料转移来的价值，这类生产资料价值的变动也会影响劳动力价值和必要劳动时间。如果这些生产资料部门的劳动生产率提高了，也会降低生活资料的价值。因此，相对剩余价值的生产是由于社会上一切与生活资料有关的生产部门劳动生产率的提高，使生活资料的价值下降，从而使劳动力价值下降，必要劳动时间才有可能缩短，剩余劳动时间才会相对延长，相对剩余价值生产才有可能实现。

由此可见，相对剩余价值生产就是以整个社会劳动生产率的提高为前提的，因为必要劳动时间的缩短是通过全社会劳动生产率的提高来实现的。如果只是个别资本家提高本企业的劳动生产率并不能降低生活资料的价值，也不能生产出相对剩余价值。那么，个别资本家提高劳动生产率的目的是什么呢？其目的在于要获得超额剩余价值。

所谓超额剩余价值，是指企业由于提高劳动生产率而使商品的个别价值低于社会价值的差额。

我们知道，商品的社会价值是由生产该商品的社会必要劳动时间决定的。如果某个资本家率先采用新技术、提高了劳动生产率，就会使自己的个别劳动时间低于社会必要劳动时间，使商品的个别价值低于社会价值。而商品在市场上出售的时候是按社会价值出卖的，由此，这个资本家便可以单独获得一个更大的剩余价值，即超额剩余价值。

例如，在社会正常的生产条件下，工人生产一双皮鞋的社会必要劳动时间是8小时，每双皮鞋的社会价值是20元。为了获得超额剩余价值，某个企业的资本家采用了新的生产技术来提高劳动生产率，生产一双皮鞋只需要6小时，那么这双皮鞋的个别价值就是15元。如果按照20元的社会价值出售，这个资本家每双皮鞋可以多赚5元钱，这多赚的5元钱差价就是超额剩余价值。

由于资本主义竞争的普遍性，每个资本家都想要比别的同行更早地采用新技术来获得超额剩余价值。但是，个别资本家获得超额剩余价值是一种暂时的现象。当行业内部的大多数企业都使用了这一先进技术之后，生产这一产品的社会必要劳时间就会减少，随着竞争的加剧、劳动生产率差距的消失，超额剩余价值也就消失了。但是，由此所导致的社会劳动生产率的提高，却会为各个资本家带来相对剩余价值。因此，相对剩余价值就是在各个资本家追逐超额剩余价值的竞争中形成的。所以说，全社会劳动生产率的提高是资本家追逐超额剩余价值的结果。

目前，资本主义国家生产剩余价值的方法主要是相对剩余价值的生产。从表面上看，工人的劳动时间缩短了，基本实现了8小时工作制，劳动强度和劳动环境都有所改善，资产阶级对无产阶级的剥削程度好像有所下降。但是事实上，这种剥削不但没有减弱，反而更加严重了。随着科技的发展，社会各行各业的劳动生产率都有了极大的提高。以农业生产为例，原来种植1000亩土地需要雇佣大概20个工人，但是现在机械化现代化的种植方式只需要雇佣2个工人就可以完成原来20个工人的工作，而且农田的收成还比之前雇佣20个工人时的收成好。根据剩余价值率的计算公式，剩余价值率=剩余价值/可变资本，在以上这个例子中，由于雇佣的工人数量减少了，用来支付工人工资的可变资本也就减少了。而整个社会劳动生产率的提高使生产的必要劳动时间大大缩短，剩余劳动时间大大增加，剩余价值也大大增加。在计算剩余价值率的时候，我们可以很明确地看到前后的变化，分母可变资本减少，分子剩余价值增加，剩余价值率相较之前就大大增加了。我们通常用剥削率，也就是剩余价值率来衡量资产阶级对无产阶级的剥削程度。综上所述，越来越高的剥削率说明，在现在的资本主义国家，资产阶级对无产阶级的剥削并没有减弱，而是更加严重了。

资本主义剥削在任何时候都一定会把工人的工作日绝对延长到必要劳动时间以上，否则就不可能生产剩余价值，资本主义剥削就不可能存在。绝对剩余价值生产和相对剩余价值生产作为资本家提高剥削程度的两种基本方法，都是靠增加工人的剩余劳动时间来增加剩余价值的，都是为实现资本家对雇佣劳动的剥削这一目的服务的。它们在本质上是一致的，只是在具体形式上有所不同。在资本主义发展初期，由于生产技术的改进和劳动生产率的提高非常缓慢，因此，资本家主要依靠绝对剩余价值生产的方法来加强对工人的剥削。当资本主义发展到较高阶段，科技进步和劳动生产率提高的速度越来越快，相对剩余价值生产就取代绝对剩余价值的生产，占据了主导地位，成为资本家加强剥削的主要方法。

五一国际劳动节的由来

资本主义初期，资本家主要用绝对剩余价值生产的方法剥削工人。到1883年，美国工人平均日工作超过10个小时，每天工作12至15个小时的现象非常普遍。在很多工厂，白班倒夜班时，工人会连轴干24个小时。

哪里有压迫，哪里就有斗争。工人阶级的觉悟带来了为缩短工作时间的长期斗争，并最终为工人阶级赢回了自己的部分自由和利益。1884年，美国劳工联合会等组织决定，在1886年5月1日发起一个争取8小时工作日运动。这一天，美国近50万工人参加了全国性罢工。

罢工工人中流行的"八小时之歌"是："我们要把世界变个样，我们厌倦了白白的辛劳，光得到仅能糊口的工饷，从没有时间让我们去思考。我们要闻闻花香，我们要晒晒太阳，我们相信：上帝只允许八小时工作日。我们从船坞、车间和工厂，召集了我们的队伍，争取八小时工作，八小时休息，八小时归自己！"但是罢工遭到芝加哥政府当局的暴力镇压，多人死伤。5月4日晚，3000多名工人聚集芝加哥秫市广场，悼念死难工友，又遭到武装警察的镇压。

芝加哥工人的鲜血，燃起了全美工人斗争的烈火，并迅速蔓延到欧洲和世界各地。在世界进步舆论的支持下，1个月后，美国政府终于宣布实施8小时工作制。后来，就把1886年5月1日美国工人争取八小时工作制的斗争日，定为国际无产阶级的共同节日——劳动节。

血汗工资制度——福特工作制

福特制生产方式的主要特点是等级分明、层层服从、部门之间没有横向联系、流水线式的线性生产组织形式。老福特认为："降低部分工人的思考的必要性和将工人的移动次数减至最低，因为工人移动一次只可能做一件事。""我们希望工人只做那些要求必须做的事情。组织是高度分工的，一部分与另一部分是相互依赖的，我们一刻也不能允许让工人按他们自己的方式来工作，没有最严格的纪律，我们就会陷入极大的混乱。"在具体做法上，福特把T型车的整个生产过程分解为84个步骤。1913年夏天，在福特工厂的所有车间，全部安装了自动生产流水线，产品的生产工序被分割成为一个个的环节，工人之间的分工更为细致，产品的质量和产量都大幅度提高。川流不息的传送带，把整个工厂联系在一起。仅以福特汽车公司为例，1913—1914年，福特汽车公司的生产再次实现了翻番，可是在此期间工人的数量不仅没有增加，反而从14336人减少到了12880人。

然而，与成倍增长的产量和滚滚流入福特等人腰包的钞票形成鲜明对比的，是工人劳动强度的加大和收入的降低。据统计，由于新的生产方法的实施，福特汽车公司工人的劳动强度，视工种的不同是其他工厂工人的数倍。这个制度的特点是，尽可能地加快汽车装配线上传送装置的运转速度，使装配线旁边的工人高度紧张而又迅速地完成每一个动作，从而达到提高劳动生产率的目的。他们手中的半机械的动作每过四个小时才得片刻休息，神经更是高度紧张，然而工资水平却仅相当于整个底特律的平均水平——每天2.34美元。另外，在1913年夏天公司实行流水线作业后，还相应取消了"多劳有奖"的分级工资制度，代之以最原始的计时工资制。这样一来更打击了工人的劳动积极性，于是大批工人在干了一段时间后，就纷纷离开福特汽车公司，而去其他工厂从事报酬不低且劳动强度低的工作。

面对如此困境，1914年1月5日，福特汽车公司董事会通过决议，郑重宣布："本公司将实现五美元工作日！任何合格的福特汽车厂的工人不论年纪，不分工种都能领到他自己的一份。"进厂的工人只有两条路可以选择——要么无条件地服从，拼命跟上传送带的转动速度以挣到诱人的五美元工资，要么被淘汰，由云集在厂门口跃跃欲试的其他人来代替自己。而且，"挣五美元的工资，就要有五美元工资的纪律"，这是福特的口头禅。

在这个制度下，工人的工资虽然有所增长，但是与他们所创造的效益比就小巫见大巫了，与此同时，工人的劳动强度却大大提高了。1914年1月，一名工人的妻子写信给亨利·福特说："上帝呀，我丈夫下班后回家连饭都顾不上吃就瘫倒在床上……福特先生，别再这样下去了，一天五美元的工资虽然诱人，可我们实在挣不起呀！你的传送带比奴隶主的皮鞭还厉害！"

随着"福特制"的诞生与推广，资本家对工人的剥削方法产生了根本性的转变，即由原来的绝对剩余价值生产转变为相对剩余价值的生产。

陶业、火柴制造业工人的生活

在特伦特河畔的斯托克和在沃尔斯坦登这两个陶业区，人的寿命特别短。20岁以上的男子从事陶业生产的，在斯托克区虽然只占36.6%，在沃尔斯坦登只占30.4%，但是在这类年龄的男子死亡人数中，死于胸腔病的陶工在斯托克区占一半以上，在沃尔斯坦登区约占2/5。陶工作为一个阶级，不分男女，代表着身体上和道德上退化的人口。他们一般都是身材矮小，发育不良，而且胸部往往是畸形的。他们未老先衰，寿命短促，迟钝而又贫血。他们常患消化不良症、肝脏病、肾脏病和风湿症，表明体质极为虚弱。但他们最常患的是胸腔病：肺炎、肺结核、支气管炎和哮喘病。有一种哮喘病是陶工特有的，通称陶工哮喘病或陶工肺结核。还有侵及腺、骨骼和身体其他部分的瘰疬病，患这种病的陶工占2/3以上。

火柴制造业是从1833年发明用木梗涂磷的办法之后出现的。自1845年起，它在英国迅速地发展起来，它同时也使牙关锁闭症蔓延到各地。工人中有一半是13岁以下的儿童和不满18岁的少年。谁都知道，这种制造业有害健康，令人生厌，所以只有工人阶级中那些最不幸的人，饿得半死的寡妇等，才肯把"衣衫褴褛、饿得半死、无人照管、未受教育的孩子"送去干这种活。工作日从12到14或15小时不等，此外还有夜间劳动，吃饭没有固定时间，而且多半是在充满磷毒的工作室里吃饭。如果但丁还在，他一定会发现，他所想象的最残酷的地狱也赶不上这种制造业中的情景。

机器人能创造剩余价值吗

在当代许多发达资本主义国家，由于科学技术的迅猛发展，特别是在第三次科技革命的推动下，生产过程开始向自动化生产阶段发展，机械手、机器人、自动控制设备等可以部分代替人的体力劳动和脑力劳动，并出现了"无人工厂"和"无人车间"，直接出现在现场的工人越来越少。这些高度自动化的企业，劳动生产率迅速提高，产品数量和种类日益增加，产品质量不断优化，资本家获得的剩余价值也大大增加。

如何看待这些雇佣很少工人的企业却能获得更多剩余价值这一现象呢？换言之，机器人能不能创造剩余价值呢？答案是，不能。因为在资本主义自动化的条件下，剩余价值的来源依然只能是雇佣工人的剩余劳动。

第一，机器人是生产工具，不是生产工人。机器人无论性能如何先进，实质上依然是机器，只是比普通机器更先进、更精密、更复杂而已。尽管机器人能够模拟人的某些动作，代替人的某些劳动，但它仍然是一种生产工具。作为生产的物质条件，并没有因为技术先进而改变它作为不变资本的性质。在生产过程中，机器人同别的生产资料一样，仍然是不变资本的存在形式，它的价值要按照其磨损程度，逐渐转移到新产品中去。机器人既不能创造新价值，也不能为资本家创造剩余价值。

第二，机器人是人创造的，不能完全代替人。机器人无论多么先进，都是人类劳动的产物。机器人在生产中的应用，使参加直接生产过程的雇佣工人减少了，但并不能因此完全代替人的劳动。机器人本身需要人来安装、调试、操作和维修，而制造机器人更需要人的研究、设计、试验和生产，花费大量的人的复杂劳动。离开了人的劳动，机器人等自动化装置就不可能制造出来，没有人的安装、操纵和调试，它就会成为一堆废物。机器人的出现，并不能改变劳动者在生产过程中的作用。

第三，在自动化生产条件下，生产工人的范围扩大了。在自动化生产过程中，不仅有直接操作机器人的工人，而且更包括那些研究发明、设计制造、安装和维修的大批科学家、工程师、技术人员和管理人员。他们和普通工人一道，共同构成生产社会产品的"总体工人"，共同创造剩余价值。正是由于这些"总体工人"进行了大量的高级的复杂劳动，复杂劳动在生产中的比重大大提高，因而创造出的价值和剩余价值也就更多。

第四，个别企业使用机器人等自动化设备，劳动生产率大大提高，使生产商品的个别劳动时间大大低于社会必要劳动时间，从而获得了更多的超额剩余价值。进一步说，由于整个社会生产自动化程度提高了，整个社会劳动生产率也提高了，从而降低了劳动力的价值，增加了相对剩余价值的生产。

第三章　剩余价值的实现和分配

第一节　剩余价值的实现

剩余价值的实现其实就是资本主义的流通过程。商品生产出来以后，只有进入流通领域在市场上销售了之后，才能使它的价值变成货币。资本只有不断地在生产和流通领域运动才能实现资本的价值增殖，即剩余价值的实现。

一、剩余价值的实现途径

独立资本按构成可以分为产业资本、商业资本和借贷资本三大类。在这三类资本中，只有产业资本经过物质资料生产过程，能够实现价值增殖，生产剩余价值。所以在这里我们把产业资本作为研究对象，看看产业资本是如何在不断运动中实现价值增殖，即实现剩余价值的。

产业资本是指投资于工业、农业、采掘业、交通运输业和建筑业等物质生产部门的资本。产业资本的运动表现为从流通到生产、从生产到流通的不断转换过程，在这个不断转换的过程中，它就具有了循环的形式。因此，资本循环就是产业资本在运动中实现价值增殖的过程。

剩余价值的实现理论认为，产业资本在它的一个运动过程中，要依次经过购买、生产、销售三个阶段，分别采取货币资本、生产资本和商品资本三种不同的职能形式。产业资本家从投入货币到收回实现价值增殖的货币，是一个循环的运动过程，通过这样的一个循环就可以实现剩余价值。这种循环可以用公式表示为：

$$G—W \Big\langle \begin{matrix} Pm \\ \\ A \end{matrix} \cdots P \cdots W' —G'$$

其中，G代表货币，代表流通过程，W代表商品，Pm代表生产资料，A代表劳动力，…P…代表生产过程，W′代表生产出来的包含剩余价值的商品，G′代表实现价值增殖的货币。

从这个循环公式可以看出，产业资本的循环运动，必须依次经过购买、生产和销售三个阶段才能完成一次循环。

第一阶段：购买阶段。

购买阶段是资本主义生产过程的一个准备阶段。在这一阶段，资本家一方面要购买到生产所需的原材料、机器设备厂房等生产资料，另一方面要雇佣到一定数量的、能够符合生产需要的劳动力，从而为下一步的生产做好准备工作。在这一阶段，产业资本采取了货币资本的职能形式，货币资本的职能作用在于为剩余价值生产准备了物质条件。用公式表示为：

$$G - W \begin{cases} Pm \\ A \end{cases}$$

在资本家购买这些生产资料和劳动力之前，资本家手里的资本是以货币的形式存在的。我们把这种货币形态的资本叫作货币资本，它的职能是用来购买生产资料和劳动力，为生产剩余价值准备条件。当资本家用货币资本购买了生产资料和劳动力之后，资本的形态发生了变化，由货币资本转化为生产资本。

第二阶段：生产阶段。

产业资本运动的第二阶段是生产阶段，也是生产剩余价值的阶段。在这个阶段，资本的存在形式不再是货币，而是以生产资本的形式存在的。生产资本的职能作用在于生产剩余价值。在这个阶段，资本家要让雇佣工人运用生产资料生产出符合社会需要、并包含剩余价值的商品。因此，这个阶段在整个循环过程中起着决定性的作用。在资本主义生产条件下，生产资料和劳动力结合起来进行的物质资料生产过程，不仅仅是一个商品生产的过程，而且是剩余价值的生产过程。用公式表示为：

$$W \big\langle \begin{matrix} Pm \\ A \end{matrix} \cdots P \cdots W'$$

从公式中我们看到，经过生产阶段的生产过程，与资本家原来买入的生产资料和劳动力商品相比，新生产的商品实现了价值增殖，因为它包含了工人生产的剩余价值部分。我们把这种包含剩余价值的商品叫作商品资本。所以说，经过生产阶段之后，资本的存在形式由生产资本转化为商品资本。

第三阶段：销售阶段。

产业资本运动的第三阶段是销售阶段，产业资本采取了商品资本的形式，其职能作用在于销售商品，实现剩余价值。在这个阶段，资本家以商品出卖者的身份再回到市场上来，把商品卖掉，实现商品的价值和剩余价值。用公式表示为：

$$W' —G' （G' =G+\triangle G）$$

销售阶段是一个将商品资本再转化为货币资本的阶段。这个阶段对资本家十分重要，如果商品能够顺利卖出，那么资本家就不仅可以收回购买生产资料和劳动力的预付资本，而且可以获得剩余价值；但是如果商品不能在市场上顺利卖出，那么资本家就只能获得一堆积压的商品，其中包含的价值和剩余价值都不能够实现。因此，这个过程被马克思称之为"惊险的跳越"。处于销售阶段的商品资本是包含了剩余价值的商品，其销售过程实质就是剩余价值的实现过程。只有完成了一次资本循环，剩余价值才能得以实现。

可见，所谓资本循环就是指产业资本顺次经过购买、生产、销售三个阶段，并相应采取了货币资本、生产资本、商品资本三种职能形式，使价值得到增殖，最后又回到原来出发点的运动。

正如马克思所指出的那样："产业资本的连续进行的现实循环，不仅是流通和生产过程的统一，而且是它的所有三种循环的统一。"①资本只有不间断地从一个阶段过渡到另一个阶段，从一种职能形式转变为另一种职能形式，资本的循环才能正常进行下去，剩余价值才能够实现。如果资本循环在购买阶段出现问题，那么资本家手里的钱就不能变为生产资料和劳动力，也就不能组织生产，这时就只能把钱存起来，货币不能转化为资本，也不能发挥资本的作用。如果资本循环在生产阶段出现问题，那么资本主义的生产过程就无法进行下去，生产停滞不仅会带来损失，而且雇佣工人也生产不出剩余价值。如果资本循环在销售阶段出现问题，资本家雇佣大量工人、耗费了大量的生产资料辛辛苦苦生产出来的新商品销售不出去，不仅资本家垫支的预付资本收不回来，而且包含在新商品中的剩余价值也无法实现。所以说，资本循环要顺利进行下去，其三种形式必须在空间上并存，三种形式之间的转化在时间上必须同

①《马克思恩格斯全集》第24卷，北京：人民出版社，1972年版，第119页。

时进行。

资本家要使自己的资本不断实现价值增殖获得剩余价值，就必须不断地使资本进行循环运动。我们把这种不断重复、周而复始的资本循环就叫作资本周转。正如马克思所言："资本的循环，不是当作孤立的行为，而是当作周期性的过程时，叫作资本的周转。"①

商品生产的周期、企业内部管理状况、市场供求状况，以及生产资本的构成都是影响资本周转速度的因素。在资本完成一次周转获得的剩余价值量不变的情况下，资本周转速度越快，一定时期内获得的剩余价值总量越多。

对产业资本的资本循环和周转过程的分析，我们了解了资本家是如何实现剩余价值的。上面我们只是分析了作为个别企业的资本运动过程。这种独立发挥资本职能的资本就是个别资本。但是从整个资本主义社会来看，有着成千上万的从事不同行业的企业，而且它们都掌握在不同的资本家手中。每个企业的资本家都会为了追求剩余价值，使自己企业的资本不断地

---

① 《马克思恩格斯全集》第24卷，北京：人民出版社，1972年版，第174页。

快速地循环周转。而企业和企业之间又不是孤立存在的，而是相互联系的。每个企业都需要向提供原材料的企业购买生产资料，向购买他产品的企业销售商品，他们之间有着相互制约、相互影响、相互依存的联系。这种相互联系的个别资本的总和就是社会资本，也叫社会总资本。

社会总资本的运动过程就是整个社会的剩余价值的实现过程。对社会总资本运动这个经济过程的分析主要要从社会总产品的实现入手。社会总产品是指社会物质生产部门在一定时期内（通常是一年），所生产出来的全部物质资料的总和。社会总产品的实现，也就是说要把社会上生产出来的所有产品都卖出去。在社会化生产条件下，国民经济的发展要顺利进行下去，就要解决社会总产品的实现问题。这就要求不同部门之间、生产和消费之间必须保持一定的比例关系。生产资料的生产部门和商品生产部门之间的供给和需求要达到平衡，生产出的商品和市场上的需求也要达到供求平衡，就是想买的能买得到，想卖的能卖出去。只有当社会上的商品都能卖出去，商品资本都能够实现向货币资本的转化，整个社会的剩余价值就得以实现了。

二、剩余价值的资本化

资本家通过组织资本主义生产获得了剩余价值之后，如果全部用于个人消费，没有将获得的剩余价值投入下一轮的生产中去，那么这部分剩余价值就没有转化为资本。如果资本家将获得的剩余价值一部分用于个人消费，另一部分继续投入下一轮的生产中，或者将全部剩余价值都投入新的生产过程中，扩大生产规模，获得更多的剩余价值，那么，资本家用来投入生产的剩余价值就转化为资本，这就是剩余价值的资本化，也叫作资本积累。资本积累的实质就是资本家用无偿占有的剩余价值去扩大生产规模，从而占有更多的剩余价值。

剩余价值是资本积累的源泉，资本积累是资本主义扩大再生产的源泉。下面我们来看一下资本家是如何将剩余价值资本化，通过扩大再生产来占有更多的剩余价值的。

如果资本家把经过一轮的资本循环所获得的剩余价值全部用于个人消费，那么再生产只是在原有的规模上重复进行，这样的生产过程就是资本主义简单再生产，资本家经过新一轮资本循环占有的剩余价值和上一轮是一样的。

例如，资本家预付资本是10000元，其中不变资本（c）是
8000元，可变资本（v）是2000元。假定剩余价值率为100%，
那么：

剩余价值（m）=可变资本（v）×100%

=2000×100%

=2000元

这样，经过一轮生产后就会生产出2000元的剩余价值。再
假定不变资本的价值全部都转移到产品中去了，这样，所生产
出来的产品的价值就是：

新产品价值=c+v+m

=8000+2000+2000

=12000元

在简单再生产的条件下，资本家把这2000元的剩余价值用
于个人消费了，没有投入下一轮的生产中去。那么，下一轮生
产的生产规模还和上一轮一样，预付资本是10000元，其中不
变资本（c）是8000元，可变资本（v）是2000元，生产出的剩
余价值也仍然是2000元，生产的新产品价值也还是12000元。

但是，资本主义再生产的特征是扩大再生产。资本主义

扩大再生产是指资本家不把剩余价值全都作为消费基金消费掉，而是拿出一部分用于积累，使生产在扩大的规模上重复进行。

在上面的这个例子中，如果资本家不把2000元的剩余价值都作为消费基金消费掉，而是拿出一半用于个人消费，另一半转化为资本。那么，下一个生产过程的资本规模就是11000元，其中包括8800元的不变资本（c）和2200元的可变资本（v）。假定剩余价值率依然是100%，那么：

剩余价值（m）=可变资本（v）×100%

=2200×100%

=2200元

也就是说，经过新一轮的扩大再生产之后，就会再生产出2200元的剩余价值，比简单再生产多获得200元剩余价值。

所生产的产品总价值为：

新产品价值=c+v+m

=8800+2200+2200

=13200元

扩大再生产后生产出的新产品价值为13200元，比简单再生产多1200元。我们可以看出，资本家新投入了1000元资本后又多获得了200元的剩余价值，这就是资本主义扩大再生产。

通过对资本主义扩大再生产的分析可以看出，在新一轮生产中追加的资本一开始就是由工人创造的剩余价值形成的。当资本家把工人创造的剩余价值继续投入生产，购买生产资料和雇佣工人为其生产更多的剩余价值的时候，剩余价值就转化为资本，实现了剩余价值的资本化。而用追加资本购买的雇佣工人，不仅要再生产出相当于他的工资额的劳动产品，而且还必须为资本家创造新的剩余价值。这充分表明了，生产剩余价值是资本主义生产方式的绝对规律。

在资本主义条件下，资本家进行资本积累具有客观必然性。一方面是由于资本对剩余价值的追求，决定了资本必须不断地进行积累，才能扩大生产规模，达到获取更多剩余价值的目的。这是资本积累的内在动力。另一方面，竞争规律决定了资本家必须将资本积累作为保存自己、战胜对手的重要手段。这是资本积累的外在压力。

第二节 剩余价值的分配

剩余价值的分配理论认为，产业工人创造的剩余价值要在不同的资本家集团之间进行分割。产业资本家获得的产业利润、商业资本家获得的商业利润、借贷资本家获得的利息，以及土地所有者获得的资本主义地租，最终都来自产业工人创造的剩余价值。

一、剩余价值、利润与平均利润

在资本主义生产的过程中，资产阶级通过利润的形式掩盖了资本家对工人创造的剩余价值的无偿占有，也掩盖了资产阶级对工人阶级的剥削。下面我们来看一下剩余价值是怎么转化成利润，利润又是如何转化为平均利润在各产业部门的资本家之间分配的。

（一）剩余价值转化为利润

在资本主义条件下，企业生产的商品的价值（W）包括三个部分：不变资本的价值（c）、可变资本的价值（v）和剩余价值（m）。用公式表示就是：

W = c+v+m

在商品价值的这三部分中，不变资本（c）是消耗掉的生产资料转移到新产品中的价值，可变资本（v）和剩余价值（m）是雇佣工人新创造的价值，其中可变资本（v）是资本家购买劳动力的资本，也就是资本家付给工人的工资。如此看来，购买生产资料多花费的不变资本（c）和购买劳动力所花费的可变资本（v）都是资本家预先垫付的资本，所以这部分价值对于资本家来说就是生产成本，或者叫成本价格。所以我们把生产商品所耗费的不变资本与可变资本之和称为成本价格。如果我们用k来表示成本价格，那么成本价格的公式可以表示为：

k=c+v

这样，商品价值的公式就可以转化为：

W = k+m

成本价格这个经济范畴，在资本主义生产中具有重要的理论和现实意义。一方面，成本价格的出现就抹杀了不变资本和可变资本在价值增殖过程中的不同作用，它使剩余价值由可变资本的产物，变成了整个成本价格的增加额，从而掩盖了剩余价值的真正来源。另一方面，成本价格是商品销售时的价格底线，当商品销售价格低于成本价格时，资本家就会赔钱，就会对下一轮的生产过程起到阻碍作用；当商品销售价格高于成本价格时，资本家就会赚钱，就可以保证下一轮生产过程的顺利进行。而且，成本价格的高低也决定了资本家在市场竞争中的地位，哪个企业的生产成本低，哪个企业就可以在同类产品的竞争中处于优势地位，在获得超额剩余价值的同时还可以以较低的市场销售价格提高产品的市场占有率。

成本价格出现以后，资本家将剩余价值看作他的全部预付资本的增加额。在资本家看来，那些未曾耗费的资本虽然不列入成本价格，但作为物质要素同样参加了生产过程，因而是剩余价值生产不可缺少的物质要素。当资本家把剩余价值不再看作可变资本的产物，而是看作全部预付资本的产物时，剩余价值就转化为利润了。因此，马克思说："剩余价值，作为全部预付资本的这样一种观念上产物，取得了利润这个转化形式。"①可见，利润和剩余价值本来是一个东西，区别就在于

————————

① 《马克思恩格斯全集》第25卷，北京：人民出版社，1974年版，第44页。

到底把剩余价值看成是谁的产物。如果把它看成是可变资本的产物，那它就是剩余价值，如果把它看成是全部预付资本的产物，那它就是利润。所以我们说，剩余价值其实是利润的本质，利润只是剩余价值的现象形态或转化形式。所以说，成本价格的出现，使剩余价值转化为利润，掩盖了剩余价值的真正来源，进一步掩盖了资本对雇佣劳动的剥削关系，为资本家对工人赤裸裸的剥削和压迫披上了一层遮羞的外衣。

剩余价值转化为利润之后，体现资本家对工人剥削程度的剩余价值率，就变成了体现资本家的资本盈利能力的利润率。这样，资本家在比较企业盈利大小时，便不是以剩余价值和可变资本相比，而是用剩余价值和全部预付资本相比。马克思指出："用可变资本来计算的剩余价值的比率，叫作剩余价值率，用总资本来计算的剩余价值的比率叫作利润率。"[①]所以，利润率是指剩余价值和预付总资本的比率。我们用p'来表示利润率，利润率的公式可表示为：

$$p' = m/（c+v）$$

———————————

[①]《马克思恩格斯全集》第25卷，北京：人民出版社，1974年版，第51页。

我们回顾一下，剩余价值率（m'）的公式为

$$m' = m/v$$

利润率与剩余价值率相比较，虽然分子都是剩余价值量，但是利润率的分母预付资本$c+v$一定大于剩余价值率的分母v，所以利润率一定小于剩余价值率。这样，利润率的出现就掩盖了资本家对雇佣工人的剥削程度。

利润率是资本家组织生产时的一个重要的参考指标。在资本总量一定的情况下，资本家获利多少就取决于利润率的高低，所以对于资本家来说，都愿意投资于利润率较高的行业。正如马克思在《资本论》中引用19世纪中叶英国评论家登宁所描绘的那样："资本害怕没有利润或利润太少，就像自然害怕真空一样。一旦有适当的利润，资本就大胆起来。如果有10%的利润，它就保证到处被使用；有20%的利润，它就活跃起来；有50%的利润，它就铤而走险；为了100%的利润，它就敢践踏一切人间法律；有300%的利润，它就敢犯任何罪行，甚至冒绞首的危险。"[1]

---

① 《马克思恩格斯全集》第23卷，北京：人民出版社，1972年版，第829页。

（二）利润转化为平均利润

资本家为了获得更多的利润，在同一生产部门内部和不同的生产部门之间，都会进行激烈的竞争。同一生产部门内部的竞争是资本家追求超额剩余价值的过程，在这个过程中，由于技术的进步会使资本家大量使用机器，资本有机构成提高，利润率下降。不同的生产部门之间的竞争是资本家争夺更高的利润率的竞争。资本家的投资意愿总是倾向于利润率高的行业和部门，当资本家投入同样的资本在不同的行业获得不同的利润率的时候，投资利润率较低那个部门的资本家就会将资本转投到利润率高的部门，最后的结果就是利润的平均化。

所以，平均利润率的形成是部门之间竞争的结果。我们知道，追求最大限度的利润是资本家投资的唯一动机和目的。然而，由于各部门的资本有机构成和资本周转速度不同，在剩余价值率相同的条件下，等量资本也会获得不等量的利润。这样，资本家必然展开以资本转移为特征的部门之间的竞争。竞争的结果，使各部门的利润率趋于平均化，形成了平均利润率。因此，平均利润率是指剩余价值总额与社会总资本的比

率。用公式表示:

平均利润率 = 剩余价值总额/社会总资本

可见，平均利润率实质上就是把社会总资本作为一个整体看待时得到的利润率。而按平均利润率取得的利润，就是平均利润。下面，我们通过一个例子来具体分析平均利润率的形成过程。

假定社会上有生产玩具、服装、食品的三个生产部门，每个部门的资本家投入的预付资本都是100万，剩余价值率都是100%，资本周转速度相同。而且假定资本家购买的生产资料都一次性全部转移到新产品中去。那么，由于三个部门的资本有机构成不同，剩余价值率和利润率也有所不同，具体情况如下表（表3-1）所示:

表3-1

生产部门	预付资本 （c+v）	剩余价值率 （m′）	剩余价值 （m）	利润率 （p′）
玩具	90c+10v=100万	100%	10万	10%
服装	80c+20v=100万	100%	20万	20%
食品	70c+30v=100万	100%	30万	30%

如表3-1所示，三个部门的资本家在生产过程中都投入了

100万的预付资本，但是最终的收获却不尽相同。玩具生产部门的资本有机构成最高，利润率最低；食品市场部门的资本有机构成最低，利润率最高。在这种情况下，如果产品都按其价值出卖，那么，三个部门的利润率就会存在较大差别。因此，部门之间争夺有利投资场所和高利润率的竞争便不可避免。原来投资玩具生产部门的资本家，看到同样投资100万的食品生产部门的资本家每年比自己多赚20万，心理必定觉得不平衡，就会把资本从利润率低的玩具生产部门撤出来，投入利润率高的食品生产部门，进行资本的转移。于是，投资到食品生产部门的资本会不断增加，产量日益增长，形成供过于求的局面，从而导致食品价格下跌，利润率下降；而投入玩具生产部门的资本会不断减少，产量则日益下降，出现供不应求的局面，从而导致玩具产品价格上涨，利润率上升。这个资本转移过程，以及由它所引起的产品供求变化、价格变化、利润率变化会一直持续到各部门利润率趋于平均化为止。所以，不同生产部门之间为了争夺高利润率的竞争引起资本的转移，使利润率趋于平均化。这个过程可用下表（表3-2）来说明：

表3-2

生产部门	预付资本（c+v）	剩余价值	商品价值	利润率	平均利润率	平均利润	平均利润与剩余价值的差额
玩具	90c+10v=100万	10万	110万	10%	20%	20万	+10
服装	80c+20v=100万	20万	120万	20%	20%	20万	0
食品	70c+30v=100万	30万	130万	30%	20%	20万	−10
合计	240c+60v=300万	60万	360万			60万	0

　　如表3-2中所示，三个部门的总资本量为300万，剩余价值总额为60万，平均利润率为20％，即每100万的资本可获得20万平均利润。在这里，平均利润率是全社会剩余价值总额除以社会总资本所得的结果。可见，由于部门之间竞争的充分展开，就使得整个资本主义经济如同一个大股份公司，而所有的资本家则像是这个股份公司的大小股东，他们根据"等量资本获得等量利润"的原则，按各自资本量的大小共同瓜分剩余价值。资本主义生产的实质决定了，资本主义的分配过程就是剩余价值在资本主义社会各个剥削集团（产业资本家、商业资本家、借贷资本家、土地所有者）之间进行分割的过程，而他们瓜分剩余价值依据的就是平均利润率规律，即按照等量资本获得等量利润的原则来瓜分剩余价值。

　　随着利润转化为平均利润，商品价值就转化为生产价格。生产价格等于成本价格加上平均利润。生产价格的形成是以平均利润率的形成为前提条件的。平均利润率的形成过程，就是生产价格的形成过程。在上例中，资本有机构成低的生产部门生产价格120，生产价格小于商品价值；资本有机构成高的生产部门生产价格120，生产价格大于商品价值；中等资本有机构成代表社会平均资本有机构成，生产价格120，生产价格等于或大体符合商品价值。

因此，工人阶级不仅受本部门、本企业资本家剥削，而是受整个资本家阶级的剥削。所以，无产阶级为了改变被剥削和被压迫的状况，必须整个阶级团结起来，推翻资产阶级的统治，消灭资本主义经济制度。

（三）平均利润率规律

全社会所有的利润都来源于产业工人创造的剩余价值，也就是说全社会的资本家在共同分割工人创造的剩余价值。

那么，由雇佣工人创造的剩余价值在各部门之间的分配是按照什么原则进行的呢？

假设生产部门的利润率是10%，商业部门是20%，金融部门是30%。同样拿出100万投到不同的部门当中，赚的钱不一样，也就是说等量资本获得了不等量利润。生产部门的资本家保证不干，他必然要把资金向金融部门转移。这样，从事生产的人就少了，生产的产品就少了，这样产品就供不应求了，供不应求价格就会提高，价格提高利润率就会提高。而经营金融产品的人多了，金融产品就会供过于求，供过于求价格就会下降，价格下降利润率就会下降。马克思说，当各部门的资本家都获得20%的利润率的时候，资本停止转移。这个利润率被马克思称为平均利润率，等量资本获得等量利润的规律就是平均利润率规律。由此可见，正是因为各部门资本家围绕着等量资本获得等量利润的原则展开激烈的竞争，导致了平均利润率的形成。当平均利润率形成以后，各部门之间达到了最合理的比例结构。

这种各个生产部门的不同利润率通过部门间的竞争形成平均利润率的客观必然性就是平均利润率规律，亦称一般利润率规律。

二、剩余价值的具体形式

那么，剩余价值是如何在各部门之间分配的呢？剩余价值在各部门之间进行分配的时候表现为哪些形式呢？下面我们一一来解答。

马克思把全社会的所有经济部门分为三类，他认为第一类是生产部门。在商人出现之前，生产部门的资本家是如何生产经营呢？自己生产，生产出产品以后建一家商店，然后再雇佣一伙销售工人为他销售产品，如果其他城市需要他的产品，自己再长途运输过去。

后来，商人出现了。商人出现以后为生产部门的资本家带来许多好处。第一，不用建商店了；第二，不用雇佣销售工人了；第三，不用长途运输了。也就是说，商业资本家为生产部门的资本家节约了很多成本，那么生产部门的资本家就应该把自己所获得好处的一部分让渡给商业资本家，作为他的利润。而生产部门的资本家获得的好处是什么呢？是雇佣工人为他们创造的剩余价值。还有一个重要的部门是金融部门，也就是提供借贷资本的部门。正是因为金融资本家把大量的资金借给商业和生产部门的资本家，才使他们获得各自的好处。因此，他们应当把各自获得的好处的一部分让渡给金融资本家作为他的利润，我们把它叫作利息。

这样，根据平均利润率规律的要求，各资本家集团及其他剥削集团按照等量资本带来等量利润的原则，对产业工人创造的剩余价值进行共同分割：产业资本家获得了产业利润；商业资本家获得了商业利润；借贷资本家获得了利息；土地所有者获得了地租。

（一）产业资本和产业利润

产业资本家是在物质生产领域中按资本主义方式经营的资本家。工业、农业、交通运输业等生产部门的资本家都属于产业资本家。产业资本家是产业资本的人格化，是资本家阶级的主要组成部分。他们同雇佣工人处于直接对立的地位，是剩余价值的直接榨取者。资本家阶级的其他组成部分，如商业资本家、借贷资本家等，只是处于参与瓜分剩余价值的角色。

产业资本是资本家投入物质生产部门的资本，亦即投在工业、矿业、农业、交通运输业和建筑业等的资本。在资本主义初期，资本主义工厂的规模很小，所需资本有限，产业资本家一般都是独立经营或合伙经营的老板。当时的资本主义企业，一般采取前店后作坊的形式，产业资本家既生产商品，又销售商品，集榨取剩余价值和实现剩余价值的职能于一身，独自占有雇佣工人所创造的全部剩余价值。随着资本主义的发展和社会分工的出现，各部门之间和部门内部的竞争越来越激烈，产业资本家就不再能够获得全部剩余价值，而是要和其他资本家分割剩余价值，从中获得产业利润。产业利润是产业资本作为社会总资本总执行生产职能的资本，通过与其他产业资本和商业资本的竞争和资本自由转移，参与利润的平均化过程，并获得平均利润。

（二）商业资本和商业利润

产业资本运动包括购买、生产、销售三个连续的阶段，并相应采取货币资本、生产资本、商品资本三种资本形态。在资本主义发展初期，由于生产规模不大，市场范围狭小，产业资本通常是一身二任，自产自销。因此，总有一部分资本投在流通领域，表现为商品资本。随着资本主义生产的发展，市场范围的扩大，商品流通量的日益增加，需要建立庞大的商业机构、营销网络，需要雇佣商务代理人和大量商业店员。如果产业资本家仍坚持自产自销，不可避免地会增大商业开支，减少生产领域中的资本投入，降低利润率水平。在这种情况下，由于商业资本专门从事商品买卖，具有产业资本家所不具备的商品流通方面的特有优势，产业资本家就把商品流通的业务专门交给商人去完成，使商品资本职能从产业资本中独立出来，成为商业资本。

这样，从产业资本中分离出来的专门从事商品买卖的、以获取商业利润为目的的资本就是商业资本。商业资本是在流通领域中独立发挥作用的职能资本，是从产业资本中分离出来的独立的资本形式，是专门从事商品买卖，以攫取商业利润为目的的资本。

可见，商业资本就是独立化的商品资本，即以较低的价格买入产业资本家的商品，再以较高的价格将产品销售并实现价值增殖，获得商业利润。其运动公式是：

G—W—G′

商业资本是商品资本的转化形式，其职能就是商业资本的职能，即从事商品销售，实现剩余价值的职能。商业资本在资本主义经济中有双重作用：一方面，商业资本可以缩短流通时间，有利于市场的发展和利润率的提高，有利于加快整个社会资本的周转；另一方面，商业资本会人为地制造市场虚假需求，刺激市场盲目扩大、加深了市场和消费的矛盾。

商业资本所有者从事商品经营活动所获得的利润，就是商业利润。

商业资本是在流通领域中执行职能的资本，单纯的商品买卖活动既不创造价值，也不创造剩余价值，商业资本也和产业资本一样，目的是取得利润。那么，商业资本所有者获得的商业利润是从哪里来的呢？

商业利润是产业资本家让渡给商业资本家的、由产业工人创造的剩余价值的一部分。由于商业资本家用自己的资本为产业资本家推销商品，完成商品资本的职能，这样，产业资本家就不能独占全部剩余价值，必须把一部分剩余价值让渡给商业资本家。

这种转让是通过价格差额进行的，也就是商业资本家先以低于社会生产价格的价格向产业资本家购买商品，再按商品的社会生产价格把商品卖给消费者，从中获得商业利润。产业资本家转让一部分相当于平均利润的剩余价值给商业资本家，这种瓜分过程是这样进行的：

假定一年中预付的产业资本为900万，其中不变资本（c）为720万，可变资本（v）为180万，剩余价值率 m' 为100%，

不变资本的价值在一年内全部转移到新产品中去。这样，

生产价格总额=c+v+m

=720+180+180

=1080万

产业资本的利润率（p'）=m/c+v

=180/900

=20%

又假定在产业资本以外还有100万商业资本参加商品经营，这样，

社会资本=900+100

=1000万

社会平均利润率=180/（900+100）

=18%

按照这个新的平均利润率产业资本家获得的产业利润为：

产业利润 = 900 × 18%=162万

商业资本家获得的商业利润为：

商业利润 = 100 × 18%=18万

在这种情况下，商业资本家在产业资本家手里购买商品的总价格为：

总购买价格=720c+180v+162m=1062万

此时，生产价格=生产成本k+产业利润p+商业利润h

而商业资本家出售给消费者的商品的总价格为：

总销售价格=720c+180v+162p+18h=1080万

商业资本家获得的利润=1080-1062=18万

这样，产业资本家和商业资本家都按平均利润率获得了产业利润和商业利润。商业利润显然不是商业资本家在生产价格以上售卖了商品，而是用商业折扣的办法，按低于生产价格的价格向产业资本家购买商品，再按生产价格向消费（生产消费与生活消费）者销售产品，从购销价格的差额中实现商业利润。

商业利润在量上等于平均利润。由于商业部门资本所有者与产业部门资本所有者的竞争，使得商业资本与产业资本都获得大体相同的利润，即平均利润。商业利润的变化，同样要受平均利润率规律的支配。

由于商业资本是投资流通领域的资本，不创造价值和剩余价值，所以商业利润从现象形态看似乎是来自商品售卖价格和购买价格的差额，好像是从流通中产生的。但这只是现象，只能表现商业资本家是从商品售卖价格高于购买价格的差额中来实现其利润的，并不表明商业利润的真正来源。商业利润实际上是产业资本家让渡给商业资本家的一部分剩余价值，商业利润的真正来源是产业部门的工人创造的剩余价值。产业资本家之所以要向商业资本家让渡利润，使其参与对剩余价值的分配，是因为商业资本作为产业资本运动中商品资本的独立化部分，分担了产业资本的一部分职能，即商品销售活动，从而有利于提高产业资本的利润率水平。商业资本家直接雇佣的是商业职工，纯粹从事买卖活动的雇佣劳动者的劳动，只实现价值而不创造价值。所以商业利润的最终来源只能是产业工人所创造的剩余价值。商业雇员在必要劳动时间内实现的剩余价值用于支付商业职工的工资，剩余劳动时间内实现的剩余价值，构成商业利润。

对商业资本家而言，其参加对剩余价值的分配，不仅要获得商业利润，而且还要同产业资本一样获得平均利润。这是因为产业资本运动中，其商品销售阶段与生产阶段都是至关重要的。生产过程创造的，凝结于商品中的价值和剩余价值，必须通过售卖阶段，使商品转化为货币，最终实现价值和剩余价值。所以，在流通过程中独立执行职能的商业资本必须与在不同生产部门中执行职能的产业资本一样，能够获得平均利润。如商业利润率低于生产部门的利润率，商业部门中的资本就会向生产部门转移；反之，如商业利润率高于生产部门的利润率，则会引起生产部门中的资本向商业部门转移。通过商业资本家和产业资本家之间的竞争，资本在生产部门和商业部门之间自由转移，最终使商业利润率与产业利润率平均化，分获平均利润。

（三）借贷资本和利息

在资本主义社会，除了产业资本和商业资本外，还存在借贷资本，也要参与对剩余价值的分配。借贷资本是为取得利息而暂时贷出的货币资本。

借贷资本不是职能资本，不是产业资本运动中货币资本职能的独立化形式，而是从产业资本和商业资本等职能资本运动中游离出来的闲置货币资本转化而来的。职能资本在循环运动过程中，由于逐步折旧、持币待购和逐步进行资本积累等原因，会形成大量的闲置货币资本。暂时闲置的货币资本不能为其所有者带来剩余价值，这与资本本性是矛盾的。与此同时，在资本主义的再生产与流通过程中，有些企业由于扩大生产经营的规模、范围及其他临时性需要，急需补充货币资本。这样，那些从职能资本运动中游离出来的、暂时闲置的货币资本就被其所有者以偿还和付息为条件，贷给急需货币资本的人，转化为借贷资本。

借贷资本具有不同于职能资本的特点：

第一，借贷资本是借贷资本家为取得利息而暂时贷给职能资本家使用的货币资本。借贷资本家实际让渡了货币作为资本能够带来剩余价值这一特殊的使用价值，在一定时期以后收回并取得利息作为让渡一段时期的货币资本使用权的报酬。借贷资本的关系在形式上表现为资本作为商品的买卖关系，实际上不是商品所有权转移的买卖关系，而是货币作为资本的使用权出让的借贷关系。经济学上，货币资本所有者把货币作为资本要素贷出定期获得利息收入，叫作所有权收益资本化。

第二，借贷资本的使用，使资本所有权和使用权分离，同一资本取得了双重存在。借贷资本对借贷资本家而言，是货币资本的所有权，并不会自行增殖，但可以凭借这种所有权获得利息；这部分货币资本以借贷形式到了职能资本家手中以后，就变成了实际执行资本职能的增殖手段，能够生产或实现剩余价值。借贷资本在借贷资本家手中是所有权资本，不是职能资本；只有被职能资本家使用才成为职能资本。

第三，借贷资本具有独特的运动形式。借贷资本的运动公式是 $G—G'$（$G+g$），g 代表利息。因为这个公式省略掉了职能资本运用借贷资本的过程，于是造成一种假象，似乎不经过任何生产过程与流通过程，货币本身可以生出更多的货币，进一步掩盖了资本价值增殖的真实过程。

借贷资本本身不会带来价值增殖，利息作为职能资本家付给借贷资本家的为货币资本使用而付出的报酬，只能来源于产业工人创造的剩余价值的一部分。职能资本家用借来的货币资本经营产业或商业，取得平均利润。由于借贷资本的所有权和使用权分离，同一资本取得双重存在，借贷资本家与职能资本家都对利润拥有某种索取权。但同一资本不可能因此带来双份的利润，而只有一个平均利润。因此，平均利润不能由任何一方独占，而必须分割为两部分：一部分是借贷资本家出让货币资本使用权而获得的利息；另一部分是职能资本家获得的企业利润。利息是平均利润的一部分，而平均利润是剩余价值的转化形式，利息可以说是剩余价值的特殊转化形式。平均利润分割为利息和企业利润，实质上是剩余价值在借贷资本家与职能资本家之间的分配。

利息量取决于借贷资本的大小与当时通行的利息率的高低。利息量＝借贷资本量×利息率。利息率是一定时期利息量与借贷资本的比率。其计算公式为：利息率＝（一定时期的利息量／借贷资本总量）×100%。利息率通常在零与平均利润率之间波动，影响利息率高低的因素：一是平均利润率的高低；二是借贷资本的供求状况。

随着商品经济的发展，由于资本家之间直接借贷的局限，产生货币经营业，进而出现了银行。银行是专门投资于经营货币资本业务的企业，是货币借贷中介、支付中介和发行信用流通工具的结合体。银行利润由存款利息和贷款利息的差额构成。银行资本也是职能资本，同样在部门之间竞争中参与利润率平均化，要求获得平均利润，参加工人创造的剩余价值的分配。以银行信用发展为基础，股票、债券等资本融通形式也逐步发展起来，进一步拓展了资本主义信用形式。股息和债券利息是股权人、债权人参与剩余价值分配的形式。

（四）土地所有权和地租

地租是土地所有权在经济上的实现形式，是土地所有者凭借土地所有权所获得的经济收入。在资本主义农业中，在大土地所有者存在的条件下，资本家要投资于农业，必须向土地所有者租佃土地，再雇佣工人进行农业生产劳动，并且要把农业工人创造的剩余价值的一部分作为地租，交给土地所有者。农业资本家作为产业资本家的一部分，投资农业与投资于工业和商业一样，也要求获得平均利润。这一事实决定了农业资本家从农业工人那里攫取的剩余价值必须大于平均利润而分成两部分：其中相当于平均利润的那部分剩余价值归农业资本家；超过平均利润的那部分剩余价值，则以地租形态付给大土地所有者。所以，资本主义地租来源于农业工人创造的超过平均利润的那部分剩余价值。土地所有者以获取地租的方式参加剩余价值的分配。

资本主义地租主要有两种形态，即级差地租与绝对地租。

资本主义级差地租是租佃较好土地的农业资本家向大土地所有者缴纳的超额利润。它是由优等地和中等地农产品的个别生产价格低于按劣等地个别生产价格决定的社会生产价格的差额决定的。级差地租有两种形态，即级差地租Ⅰ与级差地租Ⅱ。级差地租Ⅰ与级差地租Ⅱ分别代表了资本主义农业发展从粗放到集约的两个不同阶段。

在农业中，优越的土地自然条件可以提高农业劳动生产率，降低农产品的个别生产价格，获得超额利润。土地自然劳动生产率的差别是级差地租存在的条件。

由于自然条件优越的土地是有限的，劣等土地是绝大多数。而好地一旦被某些农业资本家租佃，就排斥其他农业资本家再来使用上好的土地。这就是所谓土地的资本主义经营垄断，是级差地租产生的经济原因。土地的资本主义经营垄断的客观存在，一方面使租种较好土地的农业资本家能够比较稳定地拿到农业超额利润；另一方面，不得不租种劣等土地的多数农业资本家按照等量资本获取等量利润的原则也要求获得平均利润，因为如果仅仅依靠租种好地而搁荒劣等地，势必引起社会上农产品的严重供不应求，导致农产品价格上涨，这样客观上使租种劣等地的农业资本家能拿到平均利润。这使得农产品的社会生产价格不是由中等地生产条件决定，而是由劣等地的生产条件决定。以此出售产品，优等地和中等地农业资本家能获得超额利润，向土地所有者缴纳级差地租。而租种劣等地的农业资本家也能获得平均利润。

级差地租 I 是指并列地投在不同土地上的资本由于土地肥沃程度和位置不同造成生产率差异而形成的超额利润。肥沃程度会导致不同土地自然劳动生产率差异；位置不同，特别是距离市场的远近不同，会以运费的形式影响农产品的个别生产价格水平。不论是由何种条件引起的超额利润，在土地所有者存在的条件下，都要作为级差地租 I 交给土地所有者。

级差地租 II 是指连续在同一块土地上追加投资所产生的超额利润。至于构成级差地租 II 实体的这部分超额利润是否转化为地租以及在何种程度上转化为地租，则取决于农业资本家和土地所有者之间的契约和斗争。在租约的有效期间，由于连续追加投资而产生的超额利润，归农业资本家占有；当租约期满，重新缔结租约时，土地所有者往往会考虑追加投资效果而提高地租，把农业资本家追加投资产生的超额利润部分或全部归自己占有。因此，围绕租约期的长短，农业资本家与土地所有者展开了长期的斗争。

绝对地租是优、中、劣各类土地绝对必须缴纳的地租。

劣等地也要缴纳绝对地租意味着农产品的市场价格必须高于其生产价格，才能使经营劣等地的农业资本家在获得平均利润的基础上有余额用来缴纳绝对地租。由于农业属于资本有机构成比较低的社会生产部门，农产品价值高于生产价格，剩余价值大于平均利润。这使得租种劣等地的农业资本家把农产品按高于生产价格的价值出售，为在平均利润以上有一个余额用来缴纳绝对地租提供了前提条件。农产品按价值而不是按生产价格出售，即不参与利润率平均化的经济原因是农业中的土地私有权垄断。在自由竞争时代，工业部门的一切生产条件都可以由资本自己创造或自由支配，没有不能克服的外力。由于工业部门之间资本的自由转移，剩余价值被平均化，形成平均利润，商品要按生产价格来出售，超额利润只能在同一生产部门内由社会生产价格和个别生产价格之间的差额发生。而在农业部门中，土地是不能由资本自己创造和自由支配的，独立于资本之外，存在着与资本相对立的土地私有权的垄断。这使资本对农业产业的进入构成一种壁垒或限制。这个壁垒不是排除工农业之间的自由竞争，而是决定了资本如不缴纳地租，不论租种优等地、中等地、劣等地，在事实上都是不可能的。所以，正是土地私有权垄断的存在使得农产品按价值不是按生产价格出售，并把农产品价值超过生产价格的余额截留下来转化为绝对地租。

在土地私有权存在的条件下，土地所有权可以自由转让。作为买卖对象，土地是有价格的。没有经过人类劳动过滤过的天然土地，不是劳动产品，没有价值。因而，土地价格不是土地价值的货币表现，而是土地可以提供的地租收入的资本化。用公式来表示：土地价格=地租／利息率。例如，土地所有者的某块土地每年可获地租200元。卖掉土地的价格如果存入银行，每年必须同样获得200元利息，地价才能为所有者接受。假定银行存款利息率为5%，则土地价格为4000元。如果土地已经人工开发，那么土地价格中要包括对土地资本投入的补偿及其利润或利息。影响土地价格的因素，一是地租数量的大小；二是银行利息率的高低。由于地租上涨，利息率下降，在资本主义社会土地价格具有上涨趋势。地价上涨抑制产业资本发展，在城市中则使雇佣劳动者阶级住宅问题的解决变得十分困难。

三、资本主义经济危机

资本主义制度建立以来，社会生产力有了极大的提高，与此同时，也伴随着周期性的经济危机的爆发。马克思认为，资本主义经济危机产生的根源是资本主义社会的基本矛盾，即生产的社会化和生产资料的资本主义私人占有之间的矛盾。

资本主义生产方式的基本矛盾表现在以下两个方面。一方面，是单个企业生产的有组织性和整个社会生产无政府状态之间的矛盾。资本主义生产的实质是追求剩余价值，也就是追求利润最大化，所以在资本主义生产过程中，资本家都愿意把资本投入利润率高于社会平均利润率的行业，这就不可避免地出现了矛盾。从企业内部的经营管理来看，为了提高企业的劳动生产率，资本家对企业的管理水平和机械化程度的要求越来越高，企业内部生产组织得井井有条。但是从整个社会来看，由于资本主义社会的所有制是生产资料私有制，也就是说在不违反相关法律法规的情况下，资本家将资本投入哪个行业是资本家的自由，国家无权干涉。这样，资本家出于对利润最大化的追求，都会把资本从利润率较低的部门转移到利润率较高的部门，这样，就造成利润率较高的部门出现过度投资，生产出过多的产品卖不出去，剩余价值不能够实现。另一方面，是资本主义生产无限扩大的趋势与劳动人民有支付能力的需求相对缩小的矛盾。在生产技术和管理水平不断提高的情况下，每个资本家都为了追求超额剩余价值而主动改进生产技术，提高劳动生产率，进一步榨取工人的剩余价值。这样，个别企业劳动生产率的提高会慢慢带动整个行业甚至整个社会劳动生产率的提高，资本家获得剩余价值后就会不断地扩大生产规模，进行持续的扩大再生产，以达到获得更多剩余价值的目的。在这种情况下，资本主义生产的规模和数量就会无限扩大下去。但是，产品生产出来之后必须卖出去才能达到实现剩余价值的目的。与此同时，工人作为大量产品的消费者，却没有钱来消费这些产品，这就使资本家的企业生产出的产品不能在市场上销售出去，商品资本不能转化为货币资本。当这些矛盾尖锐激化时，必然造成普遍的买卖脱节，即生产的供给和需求之间脱节，致使大量商品卖不出去，社会再生产的实现条件遭到严重破坏，导致生产相对过剩和经济危机的爆发。在这里要强调的是，资本主义经济危机的生产过剩是相对生产过剩，而不是绝对生产过剩。也就是说，并不是工人不需要这些产品，而是工人在资本家的剥削压迫下没有获得自己应该获得的那部分钱，所以买不起生活必需品。而且因为市场的产品积压严重卖不出去，资本家就会停止生产或者裁员，这就导致大量的工人失业，失业以后的工人就更没有钱来购买资本家的产品了，这种恶性循环使经济危机更加严重。

在严寒的冬季，一个煤矿工人家庭的母子有这样一段对话：儿子问："妈妈，天气这么冷，家里为什么不生火？"妈妈说："因为我们买不起煤。"儿子又问："为什么买不起煤？"妈妈说："因为你爸爸失业了。"儿子说："爸爸为什么失业了？"妈妈回答："因为煤生产得太多了。"

这段对话就说明了，资本主义经济危机的实质是相对生产过剩。所以，在资本主义经济危机爆发时经常会出现这样的现象，大量的工人和工人的孩子因为没有钱购买食物而挨饿，可是资本家却把一车车卖不掉的牛奶倒入河里。

资本主义经济危机的周期性爆发，使资本主义再生产具有周期性。从一次危机开始到下一次危机爆发，就是一个再生产周期。资本主义再生产周期，一般要经过危机、萧条、复苏和高涨四个阶段。其中危机是资本主义再生产周期的决定性阶段。它是上一个生产周期的结束，又是下一个生产周期的开始。整个资本主义经济就是在危机—萧条—复苏—高涨—危机的巨大动荡和起伏中艰难地颠簸行进的。

延伸阅读

1929年经济危机

20世纪20年代被当时人称为"新时代"，财富和机会似乎向刚在第一次世界大战中获胜的美国人敞开了大门。"人人都应该富裕"，通用汽车公司总裁发表了他对新时代的看法。胡佛总统也认为，"我们正在取得对贫困战争决定性胜利的前夜，贫民窟即将从美国消失"。

股市泡沫的培植、经济的超速增长常常是技术发展、制度变迁和社会氛围等众多因素作用的结果，美国20世纪20年代的经历完整地体现了这些因素的作用。以美国制造业为例，从

1920年开始，美国制造业飞速发展了10年。1921年的指数水平为67，而1929年的该指数已经到了119，制造业保持了超过6%的增长速度。1929年10月股市崩溃后，到1932年该指数仅有63，比起1929年高峰时跌了47%。

就工业技术而言，一战当中和以后老的石油和钢铁工业得到长足发展，而新兴技术引发的汽车、电气和飞机工业革命方兴未艾。战争中发展的科学技术对民用经济的推动效果明显。如果我们用投资于新设备和新工厂的资本数量来衡量技术的加速发展和推广速度，我们发现1915年用于新设备和新工厂的投资约为6亿美元，而到了1918年，这一数字已到25亿美元，增长率超过300%！新工厂的建设和新设备的投入使用，为制造业的加速发展打下了基础。福特汽车公司总裁亨利·福特的话形象地表达了当时工业界对技术进步和资本扩张的自信，"美国人现在可以得到他们想要的任意款式、任意色彩的福特汽车"。

除了技术创新，科学管理方法的应用、劳动生产率的提高、政府与大企业的密切关系、信用消费形成等因素都促进了整个20年代的经济腾飞，同时也使人们对未来的预期更加非理性，使股市泡沫继续膨胀。

　　提高了的劳动生产率使工人的工资水平也有了大幅度上升，消费能力增强，这反过来又进一步刺激了生产供应商采用更大规模的标准化生产、采用更新的技术和更大范围地运用科学管理模式，进而反过来又提高了劳动生产率和工资水平，促进更高的消费。整个社会的生产—消费形成了一个自我增强的循环机制。

　　整个社会对新技术和新生活方式趋之若鹜，"炫耀性消费"成为时代潮流。当时人们追求的消费包括收音机、电影、新型电器（吸尘器，冰箱和洗衣机等）、汽车，等等。"新时代"不仅改变了人们的生活，而且还深刻地改变了美国的社会结构。

　　20年代美国对经济前景的自信更集中地体现在股票市场。在股市最狂热的1929年夏，美国封闭基金的价格远远超过其资产净值，比二战后封闭基金平均溢价60%，这意味着资产的价格远远高于资产的价值。

　　像任何一次金融危机一样，1929年的危机前同样是一片欣欣向荣。社会中涌动的暗流，像银行不良资产增加、社会财富分配不公、社会信用受到破坏、上市公司行为扭曲，都被节节攀升的股市和对幸福未来的预期冲得无边无影。

到了20世纪30年代，长达10年的大牛市把道指从70多点推到了360多点。在股市最高峰来临前曾经有个短暂的调整期。1929年3月的指数略低于2月指数水平，但是没有人相信股市会下跌。

然而，这一切还仅仅是开始。股灾中，摩根银行试图托市，政界、工业界、银行界的头面人物也纷纷出面表示对经济的信心，但这都稳定不了投资者恐慌的情绪。由于整个国家的经济基础在过去10年股市扩张中受到严重伤害，可怕的连锁反应很快发生：疯狂挤兑、银行倒闭、工厂关门、工人失业、贫困来临、有组织的抵抗，最终接近内战边缘，20年代的美梦对美国人而言已经是明日黄花。

1929年经济危机另一显著特点是危机很快从美国蔓延到其他工业化国家。各国为维护本国利益，加强了贸易保护的措施和手段，这进一步加剧恶化了世界经济形势，是第二次世界大战爆发的一个重要根源。

大萧条造成了严重的社会问题，最重要的问题是失业。失去工作不仅对个人造成了经济损害和精神痛苦，而且失业者的家庭也因此变得不稳定。大萧条中结婚率比正常年份下降了

15％，而离婚率也降低了25％。历史学家发现离婚率降低的主要原因是夫妻双方不愿意承担分居后的住房费用。

大萧条期间出生的新生儿长期缺乏营养和医疗护理；约有200万至400万中学生中途辍学；大量的无家可归者栖身于铁道边简易的纸棚；许多人忍受不了生理和心理的痛苦而自杀；社会治安恶化。火药味最浓的事件是1932年的"向华盛顿进军"。两万多名老兵由于没有拿到抚恤金，在华盛顿搭建起他们的"临时城市"，发誓除非政府拿出钱来，否则他们不会离开。惊恐的胡佛总统下令麦克阿瑟和艾森豪威尔率领军队驱散老兵，这是美国历史上一次非常不光彩的用武力对付和平请愿的事件。

2008年全球金融危机

马克思认为资本主义的基本矛盾——生产的社会性和生产资料的私人占有是频繁爆发经济危机的根源。在资本主义剥削制度下，一方面，资本家为了追求最大的利润，拼命扩张生产能力；另一方面，尽量压低工资，缩小了劳工阶层的购买需求。马克思指出："生产力不可遏止的发展和群众消费的有限性之间的矛盾，是生产过剩的基础。"此次经济危机即源于美国的住宅生产过剩。

美国的房地产商大量建造住宅，而工薪阶层的购买能力有限，于是导致住宅过剩。美国最大的房地产抵押贷款公司为了牟取自己的利益，发明了次级贷款。它的策略就是让大量的低收入人群买得起房子，"零首付""低利率"等刺激穷人买房的优惠政策层出不穷。于是房子销量大增，穷人购买力的上升让大家皆大欢喜。房地产商和房贷公司赚了很多钱。穷人买的房子增殖了之后有钱再贷款还房贷、去消费。比如，买的时候房子值40万美元，后来大家都买房，房价上涨，房子升值到60万美元，穷人可以用这增殖的20万美元作抵押再去银行贷款，贷到的钱可以还每月的按揭，剩下的钱还可以用来吃喝玩乐。银行增加了很多按揭还款收入，财务报表更加好看。投资和消费都旺盛，美国经济就繁荣，美国总统和国务院都很高兴。

然而人有悲欢离合，月有阴晴圆缺，世界上没有只涨不跌的房市。而一旦房价下跌穷人们就没法再用增殖的房价贷款还按揭。按照次级贷款规定，两三年后利率大幅度上升，每月要还的贷款增加很多。次级贷款出现了大问题，所有投资次级贷款金融衍生品的公司都遭殃，雷曼兄弟、美林公司等上百年的老牌投资银行纷纷倒下，到2009年4月底，美国破产的银行多达28家。

美国经济危机的另一件大事是底特律汽车城的消亡，通用、福特、克莱斯勒三大汽车巨头都面临生存危机，其中克莱斯勒和通用已经破产。为什么这些百年名企会走向灭亡？还是因为上述资本主义的基本矛盾：这些汽车巨头为了利润大量生产高耗油汽车，金融危机来临后，本来收入就不高的工薪阶层收入下降，购买力下降，汽车开始卖不出去，从而使三大汽车公司产生巨额亏损，无法继续维持。三大汽车公司的经营危机将导致更多的失业，2009年6月美国失业率达到26年新高，从而进一步降低工薪阶层的购买力，使资本主义的生产过剩危机进一步凸显，经济危机进一步加深，2008年美国第四季度的GDP下降6.3%。

可见，资本家为了利润大量生产，而劳工阶层被剥削后购买力有限，从而导致生产过剩，马克思指出的这一矛盾仍然适用于今日美国房地产业和汽车业的经济分析。

美国金融业的危机起源于次级贷款，但危机发展到今天这个规模则是由于各大金融机构对次级贷款金融衍生品的巨额投资。为什么资本家热衷于投资金融衍生品呢？马克思在分析货币资本的循环时指出："以实在货币为起点和终点的G—

G',最明白地表示出资本主义生产的动机就是赚钱,生产过程只是为了赚钱而不可缺少的中间环节,只是为了赚钱而必须干的倒霉事。因此,一切资本主义生产方式的国家,都周期性地患一种狂热病,企图不用生产过程作媒介而赚到钱。"这说明,试图赚钱的狂热总是会驱使资本脱离生产过程而到货币流通领域,即金融领域,寻找发财的门路,这准确地预测了西方资本主义国家的经济金融化过程。

马克思在100多年前就曾分析过资本主义金融业的投机本性:"随着信用制度的发展,像伦敦那样大的集中的货币市场就兴起了。这个货币市场,同时还是这种证券交易的中心。银行家把公众的货币资本交给这伙商人去支配,因此,这帮赌棍就繁殖起来。""进行投机的批发商人是拿社会的财产,而不是拿自己的财产来冒险的。""信用使这少数人越来越具有纯粹冒险家的性质。"今天华尔街的金融家们遭到全美国和全世界的唾弃,正是因为他们拿着公众的钱去赌博,结果亏得一塌糊涂。遭受空前金融洗劫的西方民众用各种方式表达愤怒,有的示威游行标语牌上的口号是"捣毁银行",游行队伍高呼的口号是"吊死银行家"。

第四章 关于马克思剩余价值理论的
评价变化和当代价值

第一节 西方学者对马克思
剩余价值理论的评价变化

马克思主义剩余价值理论的诞生，对人类社会的发展产生了深远的影响。由于这一理论揭示了资本主义社会资产阶级对无产阶级赤裸裸的剥削，所以从诞生到现在一直备受争议。西方学者对马克思剩余价值理论的评价大致分为三个阶段。

一、抵制、批判和诋毁阶段

第一个阶段是从1867年《资本论》第一卷问世开始到20世纪30年代资本主义世界经济大危机爆发，这个阶段西方学者对马克思的剩余价值理论主要是批判的态度，甚至有的人还恶意诋毁。

1867年，贯穿了马克思剩余价值理论的《资本论》第一卷问世了，西方经济学家对这样一部批判资本主义制度的著作的态度是坚决抵制。一开始，他们企图用沉默来置《资本论》于死地，让这种思想悄无声息地存在一阵子之后，很快被人们遗忘。当时几家大的资产阶级反动报纸都共同保持沉默，对《资本论》的好与坏都不予评论，好像它从来没有出现过一样。马克思知道这些西方经济学家们一定不会赞同他的观点，一定会想方设法反驳他。这种反对者的集体噤声使马克思的《资本论》没有能够受到大范围的关注，对《资本论》第一卷的销售造成了极大的困难。对于这种情况，马克思曾在给恩格斯的信中表示了自己的不安。为了打破这一沉默的阴谋，马克思最亲密的战友恩格斯挺身而出，担当起粉碎敌人的缄默阴谋、传播马克思经济思想的重任。既然反对者都不出声，那么就自己弄点声音出来。于是恩格斯与马克思写了很多关于《资本论》的书评，并通过一些志同道合的朋友，设法把这些《资本论》的书评刊登在资产阶级的报纸上。

19世纪下半叶开始，马克思的《资本论》首先在欧洲大陆，继而在全球范围内产生了广泛的影响。各地的工人阶级都在马克思的著作中找到了自己的影子，觉得马克思的书中描述的资本主义生产状况就是对自己现状的最真实的表达，这种资本家对工人的剥削和压迫以及工人的利益诉求得到了各地工人阶级的认同。而马克思剩余价值理论的迅速传播和各国工人运动的风起云涌，也引起了资产阶级政府的恐慌。

看到这种沉默战术没有起到作用，西方主流社会开始兴起批判和诋毁马克思剩余价值理论的浪潮。

最开始站出来为资产阶级辩护的是庞巴维克，1884年他在《资本与利息》一书中，专门用了一章来批判马克思的劳动价值论和剩余价值论。1896年他又发表了《马克思体系的终结》一书，宣称马克思的理论体系终结。1894年10月，《资本论》第三卷问世。1895年2月，意大利经济学家阿基尔·洛里亚即迫不及待地在意大利的刊物《新文选》上发表了一篇名为《卡尔·马克思的戏剧性遗著》的文章，歪曲第一卷的价值论与第三卷的生产价格论之间存在矛盾，并宣称这是"重大的理论上的破产"，是"科学上的自杀行为"。由此，在欧洲大陆经济学界，掀起了一阵围绕这个所谓第一卷和第三卷之间的矛盾问题的喧闹。对此，恩格斯当即于1895年5月写了《价值规律和利润率》一文进行了批判。著名的英国资产阶级经济学家凯恩斯竟也把《资本论》看成"只是一册陈腐的经济学教本"，并声称"这本书不但在科学上是错误的，而且与现代世界已经没有关系或不相适应"。

二、热议阶段

第二个阶段是20世纪30年代资本主义世界经济大危机到苏联解体、东欧剧变，这个阶段西方社会开始对马克思的剩余价值理论重视起来，并掀起了一阵热潮，有批判的声音也有肯定的声音。

20世纪30年代初，发生了席卷和震撼整个资本主义世界的经济大危机。这场经济危机的爆发印证了马克思关于资本主义发展规律的分析，也开始引起了西方学者对马克思剩余价值理论的重新思考。

这场资本主义制度建立以来最严重的经济危机，对传统的庸俗经济学造成了极大的冲击，彻底打破了之前人们对市场自动调节功能的神一般的信奉。资本主义国家的统治阶级迫切需要新的理论来拯救瘫痪的资本主义市场。在这种情况下，凯恩斯主义应运而生。但是也有的学者开始试图用马克思的经济理论来解释这一问题。1938年，原俄籍美国经济学家、投入产出经济学的创始者瓦西里·里昂惕夫，在《美国经济评论》上发表了《马克思的经济学对当代经济理论的意义》一文，对马克思的剩余价值理论明确地发出了一种肯定的声音。他十分认同马克思关于影响经济危机的两个主要变量的分析，一是基于利润率下降规律的投资不足理论，另一是消费不足理论。而这里的消费不足理论与凯恩斯的有效需求不足理论有异曲同工之处。对于资本主义国家的统治者资产阶级来说，他们当然不愿意认同马克思这个批判资本主义制度的理论，所以凯恩斯主义成为帮助资本主义国家渡过经济危机的主要理论指导。

所以，在20世纪40年代到50年代，西方国家在凯恩斯主义的理论指导下，经济逐渐开始走向复苏。这一时期由于凯恩斯主义拯救了西方世界，一般资产阶级经济学者几乎不注意《资本论》的研究。这期间，在西方只有一些进步经济学家对《资本论》进行了宣传和解说工作，认为马克思的经济学对资本主义的分析有所贡献。

　　进入20世纪60年代以来，各主要资本主义国家普遍出现了通货膨胀、经济停滞的情况。对于这种情况，凯恩斯主义也束手无策，既不能作出令人信服的解释，又不能提出解决问题的对策。这就促使西方资产阶级经济学家对《资本论》的态度有了较大变化，重新考虑《资本论》中所提出的一些问题。如资本家为了占有工人生产的剩余价值而进行的社会资本再生产过程中所表现出来的，没有节制的资本主义生产与工人阶级越来越低的消费能力之间的矛盾；由于剩余价值资本化即资本积累所引起的无产阶级与资产阶级之间利益的根本对立；以及周期性经济危机的爆发，等等。这一时期出现了所谓"马克思主义复兴"的热潮。

　　当时，有关《资本论》和马克思主义政治经济学的论著大量出版，在一些著名大学开设了马克思经济学说的课程和讲座。一些流行的经济学教科书和经济学说史的著作，例如萨缪尔森的《经济学》，也或多或少地介绍《资本论》的一些重要论点。在这一热潮中，一些西方经济学家积极开展对《资本论》的研究，在生产价格理论、资本积累理论、无产阶级贫困化理论、平均利润率趋于下降的规律、经济危机理论、社会资本再生产等方面都发表了各自的见解和评论。在这一阶段西方学者对马克思经济理论的研究主要有两个特点，一是许多西方资产阶级学者往往用"比较研究法"，企图把马克思的《资本论》同李嘉图和凯恩斯的理论加以"沟通"，进而使二者"互相补充"；二是企图把马克思的经济理论数学化，萨缪尔森、斯梯得曼等资产阶级经济学家就作过这方面的努力。但是，不论是理论融合还是数字化，都很难实现。特别是剩余价值理论作为政治经济学的一种理论，不仅仅是定量的经济学研究，它包含了一定的代表政治性的定性的研究，比如剩余价值揭露了资产阶级对工人阶级的剥削这种阶级属性，这是大多资产阶级经济学家所不能接受和认同的。

西方学者对马克思主义经济理论之所以由批判逐渐感到有兴趣，一方面是由于资本主义基本矛盾深化，导致经济危机乃至"滞胀"的爆发；另一方面还由于马克思主义本身旺盛的生命力以及世界社会主义力量的扩大和增长。

三、深入研究阶段

第三个阶段是从苏联解体、东欧剧变至今，这个阶段西方学者对马克思的剩余价值理论研究更为深入。

20世纪90年代以后，苏联解体、东欧剧变，马克思被作为经济学家的地位有所下降。面对不断变化的国际政治经济格局，在西方学者中有一种声音认为马克思的包括剩余价值理论在内的经济理论都已经过时了，不适应现代资本主义经济社会的发展了，甚至以"胜利者"自居的西方意识形态宣称"马克思主义已经死亡"。

但是，事实证明马克思的经济学说不但没有过时，而且更具有强大的生命力。虽然马克思所期盼的许多历史事件也没有在他生前得以发生，但是他的许多预言都被历史的发展所证明。1999年，英国剑桥大学发起"千年第一思想家"的评选，马克思位居第一。同年，英国广播公司也进行了"千年第一思想家"全球网上投票，结果仍是马克思排名第一。2005年，英国广播公司又进行了"最伟大哲学家"的评选，马克思以近28%的得票率位居第一。作为资本主义社会深刻的"病理学家"，马克思从未过时。马克思的著作仍然值得作为伟大的"经典"来研究探索。马克思可以与亚里士多德和亚当·斯密相媲美。任何人想要独立而准确地理解资本主义的剥削制度，就不可能离开马克思，迄今为止，马克思仍然是资本主义最伟大的评论家和批评家。

世界著名的原奥地利籍美国经济学家、当代西方经济学界主要代表人物之一约瑟夫·A·熊彼特曾对马克思主义理论的旺盛生命力表现给予肯定。他说："大多数著作出现之后经过一段时间就湮没无闻了，而有些理论不是这样，它们经受了隐晦，又复活了。这些理论可称之为伟大的理论。马克思的学说就是如此。种种非难和反驳，由于不能致命地损毁它，反而只起了显示其力量的作用。"

马克思一直认为自己的学说是要同各个国家具体的社会历史条件相结合的。如他在《给〈祖国纪事〉杂志编辑部的信》中指出，如果有人"一定要把我关于西欧资本主义起源的历史概述彻底变成一般发展道路的历史哲学理论，一切民族，不管他们所处的历史环境如何，都注定要走这条道路，以便最后都达到在保证社会生产力极高度发展的同时，又保证人类最全面的发展的这样一种经济形态。但是我要请他原谅。他这样做，会给我过多的荣誉，同时也会给我过多的侮辱"。因此，对于马克思学说中的某些针对短时期的社会状况而作出的判断的"过时"，并不能代表马克思主义的过时和错误。实际上马克思学说的生命力正在于根据马克思学说中的宏观层面和中观层面对具体的社会现实进行研究，进而得出能够应对具体的社会问题的微观层面的结论。

近年来西方经济学界有关马克思主义经济学的论著中，明确肯定《资本论》并主张进行研究的，是由意大利经济学家李卡多·贝罗弗尔主编，于1998年出版的《马克思主义经济学：一个重新评价〈资本论〉第三卷论文集》一书。

在全球化背景下，资本主义内部的各种痼疾纷纷显露，特别是2008年金融危机的爆发，更让西方人开始质疑资本主义制度的合理性和生命力。随着资本主义经济危机的不断爆发，人们再一次把目光聚焦到马克思的经济理论，更加看重马克思关于资本主义经济危机的一些解释。在资本主义剥削制度下，一方面，资本家为了追求最大的利润，拼命扩张生产能力；另一方面，尽量压低工资，缩小了劳工阶层的购买需求。马克思指出，生产力不可遏止的发展和群众消费的有限性之间的矛盾，是生产过剩的基础。而这种生产过剩就会不可避免地导致资本主义经济危机的爆发。所以在2008年美国金融风暴席卷全球之后，"马克思热"又在全球兴起。

国外特别是法、英、德、美等主要资本主义国家的不少学者，面对新科技革命和全球化时代出现的问题，更加潜心于深层次的研究，先后举办了各种以马克思主义为主题的大型国际性研讨活动，掀起了一股研究和宣传马克思主义的热潮。从世界范围看，马克思的思想一直为那些试图寻求历史之谜的人们所关注，其价值也一直在被人们重新发现和认识。事实证明，当今世界的诸多社会矛盾和问题，重新激起了人们研究马克思主义的热情，面对现实生活和全球性的重大问题，人们仍然希望到马克思那里去寻找思想武器。今天，国外在马克思主义研究上出现了一些新的动向，在这一时期主要经历了告别马克思、重读马克思、超越马克思、重建马克思和回归马克思的研究阶段。这种"回归马克思"的热潮，在一定程度上反映了国际社会对马克思思想的热烈回响。有影响的美国报纸《纽约时报》，不久前也发表了题为《回到马克思》的长文，该文引用了纽约证券交易所一位领导人的话："我长期待在华尔街，我越来越相信马克思是正确的。现在我绝对相信，马克思的方法是理解资本主义的出色方法。"

各个学派用不同的视角和方法对当代马克思主义作了深入

的解读，一方面从经典原著出发，对马克思主义的内涵进行多视角的探索；另一方面从当代社会实际出发，对新出现的问题作出理论上的概括和回答。他们重点涉及如何应对后冷战时代和全球化时代提出的挑战，以及如何解决资本主义和社会主义面临的一系列重大问题，这些研究为马克思主义现代化积累了不少具有启示意义和创新意义的思想资料。马克思主义的发展面临着新的态势和重大的理论突破。

第二节　马克思剩余价值理论的当代价值

马克思的剩余价值理论是在结合了资本主义生产关系的基础上解释分配关系的学说。这一理论不仅对资本主义社会存在的剥削关系作出了深入的科学的分析，也科学地解释了资本主义生产条件下社会各阶级人民所起到的作用和利益分配原则，深刻揭露了工人阶级在资本主义生产中的决定作用和主体地位。在资本主义和社会主义都有了极大发展的今天，马克思的剩余价值理论作为一种与时俱进的理论，仍然具有很强的生命力。马克思的剩余价值理论能对当代经济关系的发展进行新解释，足见其在当代的发展具有特殊的意义。

一、理论价值

第一，推动了马克思主义政治经济学的向前发展。

马克思历经40多年的精心研究而写成的《资本论》是马克思主义政治经济学的代表作。马克思的剩余价值理论主要集中在《资本论》中，《资本论》以剩余价值为主线，逻辑严密，生动形象地论证了无产阶级和资产阶级之间对立的经济基础，阐明了资本主义产生、发展和灭亡的规律。剩余价值理论是马克思经济理论的基石。在马克思以前，无论是亚当·斯密，还是大卫·李嘉图，这些著名的资产阶级古典经济学家，从来没有科学地说明过剩余价值的本质和来源。虽然他们的研究有时只需要向前跨出一步，就可以摘取智慧之果，但是他们却永远没有做到这一点，因为"这些资产阶级经济学家实际上具有正确的本能，懂得过于深入地研究剩余价值的起源这个爆炸性的问题是非常危险的"。[①]

---

① 中共中央马恩列斯著作编译局，《列宁选集》，北京：人民出版社，1960：第444页。

根据马克思在《政治经济学批判》和《资本论》中详细而精确的阐述，我们可以把马克思主义政治经济学的方法论原则归纳为以下几点：一是从生产力与生产关系的矛盾运动中解释社会经济制度的变迁；二是在历史形成的社会经济结构整体制约中分析个体经济行为；三是以生产资料所有制为基础确定整个社会经济制度的性质；四是依据经济关系来理解和说明政治法律制度和伦理规范；五是通过社会实践实现社会经济发展及规律的统一。

马克思创立剩余价值理论的时代是在工业化初期，他面对的是无产阶级和资产阶级的尖锐斗争，无产阶级深受资产阶级的剥削、压迫，"战争和革命"成为那个时代的主题。马克思剩余价值理论主要是一种"革命的价值论"。如今，"和平与发展"成为时代的主题，未来的发展是以知识为基础、以科技为核心的发展，这就要求将发展生产力放在首位，需要把马克思"革命"的剩余价值理论，发展为"建设"的剩余价值理论，成为一种更好地去指导社会主义经济发展的科学理论，推动马克思主义政治经济学的新发展。

第二，为当代资本主义经济理论的发展提供了理论依据。

马克思以前的资产阶级经济学家总是把劳动和劳动力混为一谈，认为工人出卖的是劳动而不是劳动力，工人的劳动全部得到了补偿。他们无法解决价值规律与劳动和资本的交换规律之间的矛盾。马克思第一次指出劳动力和劳动是两个不同的经济范畴。工人出卖给资本家的不是劳动而是劳动力，科学地揭示了劳动力商品所具有的特殊的使用价值，科学地解决了资产阶级经济学所解决不了的问题，为科学分析资本主义生产过程的特征奠定了基础。

在当代资本主义的市场经济中，剩余价值规律仍然是资本主义生产方式的基本经济规律，剩余价值规律贯穿着资本主义生产方式的产生、发展及灭亡的全过程。劳动者的劳动和原料、设备以及资本等生产资料在剩余价值生产过程中都发挥着必不可少的重要作用，但剩余价值的唯一的来源仍然是由劳动者的劳动所创造。马克思主义剩余价值理论在于正确地解决剩余价值的起源、科学地揭示剩余价值的实质时特别注重研究劳资关系，它揭穿了工资在资本主义制度下表现为"劳动的价值"的假象，论证了劳动者的活劳动所创造的价值大于劳动力本身的价值就是剩余价值的源泉，而资本家对剩余价值的无偿占有又是以资本与劳动力之间的等价交换为基础的，从而解决了古典经济学长期没有解决最后导致其破产的第一个矛盾：价值规律和劳动与资本相交换的矛盾。

第三，为中国特色社会主义市场经济理论提供了理论支撑。

中国特色社会主义市场经济理论从资源配置的角度重新界定市场经济，把市场经济理解为通过市场调节的作用，让市场在资源配置中起基础性作用的经济，超越了以往只将市场经济与资本主义相联系的观念和认识，致力于建立社会主义市场经济体制。市场经济作为一种资源配置方式，是可以建立在不同的社会制度基础之上的，其本身没有姓"资"姓"社"之分。

马克思经典作家认为，在未来社会中要使社会占有生产资料，即建立全社会的公有制、全民所有制，这种公有制或全民所有制在我国最初的经济建设中起到了积极的作用。但在随后的经济发展中，将这种所有制形式绝对化、单一化，暴露出许多问题。对现有经济发展阶段和经济转轨的认识告诉我们：国家所有制的形式，并不意味着由国家直接支配全部属于全民所有的生产资料，国家所有制内部所有权与经营权可以而且也应当分开。国家掌握生产资料的所有权，赋予企业较为充分的经营权，可以解决权力过于集中和企业缺乏活力的问题。

马克思主义认为，人类社会的发展，归根到底是由生产力发展决定的。所有制作为生产关系的重要组成部分，是由生产力决定并为生产力服务的。也就是说，发展生产力是目的，一定的所有制形式，包括国家所有制、集体所有制和个体私营经济都是一种手段。邓小平在谈到我国社会主义现代化建设和改革开放的发展动力时，提出了"三个有利于"标准，即主要看是否有利于发展社会主义社会的生产力，是否有利于增强社会主义国家的综合国力，是否有利于提高人民的生活水平。我们的根本任务是发展生产力，一切符合"三个有利于"标准的所有制形式，都可以而且应该用来为社会主义服务。

传统的计划经济体实质上是一种通过政府行政命令加以控制和调节的经济体制，向市场体制的转轨就是要减少和解除政府对社会发展的垄断与管制，更多地利用市场中的价格杠杆和协调机制来完成对供求的调节。同时，转轨的过程中，政府还必须发挥其主导作用，培育市场，完善市场规则，让市场机制发挥基础性作用。

二、实践价值

第一，对当代资本主义生产的实践具有指导意义。

当代资本主义生产虽然发生了重大变化，但它并没有偏离剩余价值论所揭示的资本主义生产运行发展的轨道。剩余价值理论关于资本主义生产的科学论述，仍然是我们观察和分析当代资本主义生产的最重要的理论基石。

在当代资本主义生产的条件下，剩余价值仍然是劳动者创造的，劳动是剩余价值生产的主体力量。我们要结合当代的资本主义生产的实际，来创新发展能够反映和剖析当代资本主义现实的马克思主义剩余价值论。

在当代资本主义生产条件下，越来越多的工作被机器所取代，不变资本在资本构成中所占的比例越来越小。但是我们要认识到，这种变化并没有改变工人的劳动创造价值和剩余价值这一事实。

例如，一个种小麦的农民，用老办法种300亩地，雇他人割麦，用捆扎机捆麦把，装到拖车上，拉到脱粒机旁。这一共费了60个人工日。每天10元工资，共600元工资，加上300元的捆扎机的维修费和其他开支，总共用了900元。现在他有机会买了一台值4000元的联合收割机，全部收割工作一次完成。不雇他人自己生产，机器工作10年。他必须每年拿出400元，用以补偿它的磨损、修理、燃料油，还要花费其他使用费用100元。这样，他的收割总费用是500元，与老方法比，他每年能节省400元。有人据此否定剩余价值论，说这400元是机器创造的，或是机器上的物化劳动创造的。这是一种似是而非的看法。表面看来，这400元是机器带来的，是机器上的物化劳动创造的，但实际上是购买和操作联合收割机的人，用高科技含量劳动代替了他所雇用的60个工人的低科技含量劳动创造的，也就是说选择购买和有效操作联合收割机的高科技含量劳动，比以前的低科技含量劳动具有更高的劳动生产率，所以才创造出了更多的价值和使用价值。如果不仅他雇的那60个人，而且他本人也什么都不干，那台联合收割机本身什么也不能做，还是只值原来的4000元。因为机器、物化劳动是死的，所以这些物力必须有人操作才能生产更多财富，即使只从人与物的关系看问题，当代资本主义生产中新增财富的产生也应算作人的功劳。

现实中各种企业也常用以机器替代人工的办法来进行扩大再生产，其做法尽管比这复杂得多，但总的来说与此性质相同。机器的大量使用其实是提高了社会劳动生产率，使工人的必要劳动时间缩短了，剩余劳动时间增加了，资本家获得的剩余价值也更多了。

第二，对当代资本主义社会的收入分配具有指导意义。

马克思在分析当时的资本主义社会时，已经使用剩余价值学说的核心部分对当时的社会现象，尤其是收入和分配现象进行了说明。虽然在资本主义社会制度不断进行自我完善和自我修复的过程中，资本家和工人的生活处境与马克思生活的年代已有很大的不同，但是马克思运用剩余价值学说对当时劳动产品分配机制的说明，对我们理解和认识当代社会中的诸多新现象仍然有重要的指导意义。

马克思的剩余价值理论从阶级的角度对资本主义经济发展的动力作出了分析，将这一经济分析作为总体上理解现代社会的关键。马克思的分析将阶级理解为一种关系，特别是一种剥削关系。一般说来，社会剥削可以理解为这样一种关系，在这种关系中，剥削者利用被剥削者的不利地位来实现自己的目的。马克思是这样理解资本主义剥削中的这一不利地位的：那些握有生产资料的人同那些只能依靠向生产资料所有者出卖劳动力为生的人相比，掌握着决定性的谈判优势。对马克思来说，资本主义的根本矛盾在于剥削阶级和被剥削阶级之间的对抗。资本主义市场制度作为一种历史现实，没有阶级压迫就不可能存在下去。从对现代资本主义的这种理解出发，马克思制定了关于资本积累、贸易周期以及现代社会经济生活其他许多重要方面的理论。

第三，为中国社会主义市场经济的发展提供了理论指导。

随着科学技术和社会生产力巨大发展，社会的产业结构、就业结构、劳动力结构也发生了重大变化，社会各部门、各产业，全社会劳动者都创造了价值和剩余价值。在社会化大生产条件下，由于生产资料使用社会化、生产过程社会化、产品社会化，因此，劳动者剩余劳动和剩余产品的占有也应该社会化。在社会主义初级阶段，劳动者的剩余劳动及其生产的剩余产品，表现为合理的工资收入、利息收入、创业劳动收入、租金收入、风险收入等，以各种形式归全社会劳动者所有。

马克思揭示了资本主义制度"创造出的生产力，比过去一切世代创造的全部生产力还要多，还要大"①的秘密就在于，资本家要实现对剩余价值无止境的追求，就必须不断地提高劳动生产率，生产出更能满足社会需要的使用价值。改革开放后，我国经济迅速发展的事实证明，我们在坚持社会主义基本经济制度的前提下，利用多元市场主体对剩余价值的追求，加快了我国的经济发展，促进了社会产品的丰富和人民生活的富裕。对剩余价值的追求是社会主义市场经济体制不断完善的有效利益机制。在经济体制改革的过程中，我们鼓励和培育私营企业，引进外资企业，用现代企业制度改造原有的国营企业；我们大力发展商品市场和生产要素市场，建立全国统一开放的市场体系；我们进行分配制度和社会保障制度的改革；我们加快政府职能的转变，所有这一切，无一不是为了激发企业作为商品生产者的经济利益意识，发挥剩余价值作为市场机制的动力作用。党的十七大首次提出了"初次分配和再分配都要处理好效率与公平的关系"，重申了"再分配更加注重公平"。在社会主义市场经济条件下，我们应当借鉴现代资本主义国家劳

_____

① 《马克思恩格斯选集》第1卷，北京：人民出版社，1972年版，第256页。

动者参与剩余价值分配方式，即企业利润分享制、企业价值分享制、企业所有权分享制，让劳动者分享更多的剩余价值；加大医疗保健、教育及社会福利等社会保障投入；打破经营垄断，对国有垄断部门和行业的收入分配引入竞争机制，加强政府监管和社会监督，强化税收调节；进一步整顿和规范分配秩序，重视初始分配的公平，正视弱势群体经济诉求，对不同地区的工资水平加强宏观调控，将不同地区的工资差距控制在一个合理的范围内；完善并有效落实职工工作时间、劳动卫生安全、女职工劳动保护等法律法规，完善劳动合同制度，依法制止绝对剩余价值的生产，从法律、制度、政策各个方面努力营造公平的社会环境。我们要践行好科学发展观，以人为本，尊重和保护劳动者权益，让社会剩余价值生产与劳动者的财产性收入的增长保持同步，使全体人民共享改革发展的成果，朝着共同富裕方向稳步前进。

总之，在社会主义市场经济条件下创新和发展马克思剩余价值理论，为社会主义市场经济发展的实践提供了必要的理论指导。我们要拓展创造剩余价值的劳动范畴，深化对剩余价值规律的认识，加强劳动力市场和资本市场建设，加大科技创新和技术转换力度，逐步健全和完善社会主义收入分配制度，加强对劳动者的保护，构建社会主义和谐社会。这样才能凸显马克思主义与时俱进的生命力，从而更好地去指导社会主义市场经济的发展。

总的来看，马克思的剩余价值理论，对今天的社会现实仍然具有重大的现实意义。

延伸阅读

《资本论》突出阴谋的禁锢

《资本论》问世之初，资产阶级学者企图用沉默置《资本论》于死地。当时几家大的资产阶级反动报纸，例如《科伦》《奥格斯堡人》《新普鲁士》《福斯》等顽固地保持沉默。1867年11月2日，马克思在致恩格斯的信中写道："对我的书的沉默，很使我不安。"这种沉默的结果，给《资本论》第1版的销售造成了很大困难（据估计大约发行了1000部），直到1869年末还剩下308部没有卖出去。为了打破这一沉默的阴谋，马克思和恩格斯通过他们的知心朋友，设法把《资本论》的书评刊登在资产阶级的报纸上。恩格斯的第一篇书评于1867年10月21日发表在德国资产阶级民主党派人民党的机关报《未来报》上。1868年3月李卜克内西主编的《民主局报》又连续两期刊登了恩格斯的书评。与此同时，李卜克内西在《民主周报》上也进行了《资本论》的宣传。仅在1868年一年间，在《民主周报》上就有多处刊载了《资本论》的摘录和笔记。此外，德国工人社会民主党人约瑟夫·狄慈根在《民主周报》上和全德工人联合会的领导人之一约翰·巴普提斯特·施韦泽在《社会民主党人报》上都发表过对《资本论》的书评。如上所述，在《资本论》出版后的一年时间内发表的书评达20篇之多，其中至少有10篇是恩格斯撰写的。1869年9月，第一国际代表大会按照恩格斯的提议精神，建议所有国家的工人阶级都来学习《资本论》。

此后，《资本论》就广泛流行起来，成为"工人阶级的圣经"。

远未成为历史的马克思

镜头一：马克思被西方媒体评为"千年风云人物"

《光明日报》1999年12月30日载：在千年交替之际，西方媒体最近纷纷推出自己评选的千年风云人物，马克思主义的创始人、无产阶级的伟大导师卡尔·马克思在多家西方媒体评选千年风云人物的活动中名列前三名。

在英国广播公司进行的一次网上民意测验中，卡尔·马克思被评为千年思想家，高居榜首，得票率分别高于名列第二、第三和第四的相对论的创立者爱因斯坦、万有引力的发现者牛顿和进化论的提出者达尔文。马克思于1848年与恩格斯一道发表了科学共产主义的纲领性文件《共产党宣言》，并于1867年出版了他的不朽巨著《资本论》的第一卷。马克思关于无产阶级革命的伟大学说成了世界各国无产阶级运动的指南。《共产党宣言》迄今已用200多种语言出版，是全球公认的"传播最广的社会政治文献"。

在路透社邀请34名来自各国政界、商界、艺术界和学术界专家名人进行的这次千年人物评选中，名列第一的是爱因斯坦，马克思仅以一分之差名列第二。路透社在报道评选结果时说，"马克思的《共产党宣言》和《资本论》对过去一个多世纪全球的政治和经济思想产生了深刻的影响"。

镜头二：马克思被德国民众评为“最伟大的德国人”

2003年9月，德国德意志电视二台进行了一项为期三个月名为“最伟大的德国人”的调查。前东德地区大都将选票投给了共产主义理论的奠基人卡尔·马克思，而人口占据多数的前西德地区则主要将选票投给了二战后西德的第一位总理康拉德·阿登纳。11月28日公布的最终的投票结果是：西德战后第一位总理康拉德·阿登纳位居第一，1517年欧洲宗教改革运动发起者、德国基督教新教创始人马丁·路德位居第二，位居第三的是共产主义理论的奠基人、《共产党宣言》的作者卡尔·马克思。前三名的得票总数分别为：阿登纳57万，马丁·路德52万，马克思50万。

二战结束后，德国饱经世界大战硝烟的洗礼，沦为战败国，百废待兴。阿登纳带领德国人民摆脱了纳粹的统治，走出了二战的阴影，并创造了二战后复苏的“经济奇迹”。因此，阿登纳在德国民众中享有崇高的声望。

在投票的人看来，追求自由、公平社会的卡尔·马克思是最应受到敬仰的，有朝一日，他将成为最伟大的德国人！马克思在东部的五个州获得了40%的投票，但在西部只获得了3%

的投票，差距悬殊。

此次评选得到了德国民众的热烈响应，参加评选的人数达到330万，候选人也多达1300位。德国民众先是从这1300位候选人中选出了100名最伟大的德国人，然后从中评选出了10名最伟大的德国人，除了前面提到的三位外，另外七位是被纳粹屠杀的反希特勒战士索菲·斯谷尔和汉斯·斯谷尔、著名音乐家巴赫、发明西方印刷术的约翰斯纳·古腾堡、"铁血首相"俾斯麦、物理学家爱因斯坦。

镜头三：马克思被英国媒体评为"全球最伟大的哲学家"

2005年6月，英国广播公司（BBC）广播四频道《在我们这个时代》栏目就"谁是现今英国人心目中最伟大的哲学家"展开调查。经过一个月的评选，7月14日公布的调查结果显示，著有《共产党宣言》和《资本论》的伟大共产党人先驱、共产主义理论奠基人和杰出代表卡尔·马克思最终以27.93%的得票率脱颖而出，被评为世界上最伟大的哲学家。而排在第二位的是苏格兰哲学家大卫·休姆，他的得票率为12.67%，以6.8%得票率位居第三位的则是伟大哲学家路德维希·维特根斯坦。柏拉图、康德、苏格拉底、亚里士多德等更是望尘莫及，黑格尔甚至没有进入前20名。

值得一提的是，在BBC评选"最伟大的哲学家"过程中，英国《经济学家》杂志曾经号召其读者把马克思从候选名单上拉下，希望读者选休谟。《经济学家》认为，马克思已经过时了，而资本主义是有效的，等等。但英国公众得出了自己的决断。很多人认为今天世界各处发生的一切并不能否定马克思，只能证实他写的内容。

马克思能在英国这样一个老牌资本主义国家这么受欢迎，让发起这个评选的栏目主持人梅尔文·布拉格都深感吃惊。他认为：马克思似乎对全世界的主要问题都给出了答案，他当选为最伟大哲学家有诸多因素，但是能够解释一切的理论是他夺冠的最重要原因。

参 考 文 献

[1]马克思,恩格斯. 马克思恩格斯全集:第1卷[M]. 北京:人民出版社,1995.

[2]马克思,恩格斯. 马克思恩格斯全集:第16卷[M]. 北京:人民出版社,1964.

[3]马克思,恩格斯. 马克思恩格斯全集:第23卷[M]. 北京:人民出版社,1972.

[4]马克思,恩格斯. 马克思恩格斯全集:第24卷[M]. 北京:人民出版社,1972.

[5]马克思,恩格斯. 马克思恩格斯全集:第25卷[M]. 北京:人民出版社,1974.

[6]马克思,恩格斯. 马克思恩格斯全集:第26卷第一分册[M]. 北京:人民出版社,1972.

[7]马克思,恩格斯. 马克思恩格斯全集:第39卷[M]. 北

京：人民出版社，1974.

[8]马克思，恩格斯．马克思恩格斯全集：第44卷[M]．北京：人民出版社，2010.

[9]马克思，恩格斯．马克思恩格斯全集：第46卷上册[M]．北京：人民出版社，1979.

[10]马克思，恩格斯．马克思恩格斯全集：第3卷[M]．北京：人民出版社，1995.

[11]列宁．列宁选集：第1卷[M]．北京：人民出版社，1960.

[12]列宁．列宁选集：第2卷[M]．北京：人民出版社，1995.

[13]马克思．资本论：第1卷[M]．北京：人民出版社，2004.

[14]马克思，资本论：第4卷[M]．上海：上海三联书店，2009.

[15]亚当·斯密．国富论[M]．北京：中央编译出版社，2011.

[16]魏埙．马克思主义经济学在西方经济学界[J]．南开学报，2001（1）：11-18.

[17]冯尚春．政治经济学[M]．长春：东北财经大学出版社，2013.

[18]刘英骥. 政治经济学与当代资本主义经济研究[M].
北京：经济日报出版社，2007.

[19]罗清和，鲁志国. 政治经济学[M]. 北京：清华大学
出版社，2009.

[20]王明亮. 论马克思的剩余价值学说及其当代意义[D].
上海：复旦大学出版社，2012.

[21]吴锋. 马克思剩余价值理论的当代发展与当代意义
[D]. 贵阳：贵州大学出版社，2009.

[22]朱志军. 马克思剩余价值理论的当代价值[D]. 成
都：西南大学出版社，2008.

[23]吴易风. 剩余价值理论的创立及其伟大意义[J]. 马
克思主义研究，2003（3）：2-9.

[24]陈韶华，郭广迪. 西方学者对马克思经济学态度的演
变过程及其原因[J]. 马克思主义与现实，2010（2）：164-
169.

[25]刘叔麟，邓春玲. 西方经济学界对《资本论》的评价
[J]. 学习与探索，1991（3）：77-79.